区块链+

商业模式革新与全行业应用实例

BLOCKCHAIN

张　浪◎著

中国经济出版社
CHINA ECONOMIC PUBLISHING HOUSE
·北京·

图书在版编目（CIP）数据

区块链+：商业模式革新与全行业应用实例/张浪著.
—北京：中国经济出版社，2019.1
ISBN 978-7-5136-5464-7

Ⅰ.①区… Ⅱ.①张… Ⅲ.①电子商务—支付方式—研究 Ⅳ.①F713.361.3

中国版本图书馆 CIP 数据核字（2018）第 268117 号

责任编辑　焦晓云
责任印制　马小宾
封面设计　任燕飞装帧设计工作室

出版发行　中国经济出版社
印 刷 者　北京富泰印刷有限责任公司
经 销 者　各地新华书店
开　　本　710mm×1000mm　1/16
印　　张　17.75
字　　数　238 千字
版　　次　2019 年 1 月第 1 版
印　　次　2019 年 1 月第 1 次
定　　价　58.00 元
广告经营许可证　京西工商广字第 8179 号

中国经济出版社 **网址** www.economyph.com **社址** 北京市西城区百万庄北街 3 号 **邮编** 100037
本版图书如存在印装质量问题，请与本社发行中心联系调换（联系电话：010-68330607）

前言

区块链+：未来已来

你有比特币吗？这可是目前区块链中价值最稳定的加密货币。

如果这句话让你摸不着头脑，很可能是因为“比特币”“区块链”“加密货币”这些词还没有进入你的大脑。

可事实上，这些词代表着未来的趋势。

什么是趋势？

1980—1990 年，摆地摊的个体户是趋势；

1990—1997 年，下海自己做老板是趋势；

1998—2007 年，炒股票，进军房地产业是趋势；

2005—2012 年，加入直销，成为直销大军中的一员是趋势；

2012—2015 年，“互联网+”是趋势；

2016 年以后，“区块链+”是趋势。

区块链是未来，虽然眼下大多数人并不知道它到底是什么、它是如何运作的，但在可以预期的未来，区块链将成为社会运作的核心。如果你不相信这一现实，那么，你已经落伍了。

这就如同 20 世纪 90 年代初期出现的互联网一样，在当时，对大部分人来说，它都是一种不必要的技术，但也有人意识到了，这是一种能够颠覆未来的技术力量。而区块链因为本身就是基于互联网技术发展而来的，因此，它所产生的力量要远比互联网大。

在诞生与发展的过程中，区块链借鉴了来自数字货币、密码学、分布式系统、控制论等多个领域的技术成果，可谓博采众家之长，而其核心就是一个由不同节点共同参与的分布式数据库，是开放式的账本系统。比特币大火，带动了区块链技术的大热，但以比特币为代表的虚拟货币只是区块链技术中的一项应用而已——在区块链的世界里，拥有着数百种甚至是上千种能够重新定义现有商业逻辑的技术。

美国著名商业媒体 Fast Company（快公司）在一篇文章中指出："区块链重建了信任模式，它可以模仿多个领域内巨头们的诸多功能，比如优步、亚马逊、Dropbox、Airbnb 和 Kickstarter……但是没有低效的官僚作风和分享利益的中间商。"

当然，你可能认为这是快公司的一面之词，不过，听听各路巨头对这一新技术持什么样的态度，你可能会对它更重视：

阿里巴巴集团董事局主席马云认为，区块链技术有着超乎想象的未来。

摩根大通 CEO 杰米·戴蒙曾在不了解的情况下称"如果你蠢到投资比特币，早晚有一天你会付出代价的"。不过很快他就改口了，说："区块链技术是实实在在的。"

美图公司董事长蔡文胜认为："区块链经济的核心不在技术，而在于商业逻辑的重构。因此，这不仅仅是一场技术革命，更是一场认知革命。"

新东方教育 CEO 俞敏洪直言，现代连接是"互联网 + 人工智能"的连接，区块链的出现，使人与人之间的连接没有了中心载体，成为完全去中心化的概念。

……

如今，在各路大佬的认可之下，巨头们探索的区块链应用边界才开始显现。蚂蚁金服、腾讯、中国银行等一流企业，早已开始将区块链技术应用到公益捐款、食品溯源、供应链金融等多个领域。

当这种既可以被视为一种行业，又可以被视为一种技术的新互联网科技变得越来越普遍时，先行者们早已明白：它可能是社会升级成乌托邦式世界的关键——听起来虚无缥缈，但这恰恰是区块链的目标所在。

对普通人来说，未来，区块链会越来越多地进入、出现在我们生活的方方面面。这是一个不可避免、必将到来的新时代，而我们在时代的汹涌大潮前必须要做的，就是了解它、参与它，进而利用它。

目录

1

从零开始认识链接一切的区块链

从区块链的价值被发现，到区块链应用实际落地，这期间超过100种区块链技术解决文案被探索。这意味着，过往概念性的区块链已经真正地融入了我们的生活。对于这种正在呈现井喷式发展的新事物，我们有必要从其发源之处开始，了解它是如何诞生的，又是如何发展起来的。

1.1 谈区块链，先要认识中本聪

谈区块链，就必然会谈起“中本聪”。对区块链爱好者来说，如果该领域也有“十大求解之谜”的话，那么，“中本聪到底是谁”肯定列在其中。

严格来说，“中本聪”只是由“Satoshi NaKamoto”而来的音译化名，因其日本化发音，被多数人假设为日本人。

中本聪是网络世界坚定不移的匿名捍卫者，这一点，从他加入的“密码朋克”小组就可以看出。

“比特币之父”的首个身份：密码朋克

数字领域中的先行者们，其实一直想要创建一个匿名、独立、能够保护买卖双方隐私的数字货币，对于这一梦想，最著名的实践小组就是由美国物理学家蒂莫西·梅所创建的“密码朋克”小组。该小组使用自己创造的加密法，而不是外界免费提供的加密工具，这让他们的交流与身份都变得神秘起来。中本聪正是“密码朋克”中的骨干人员。

如图 1-1 中所展示的那样，在这个以邮件交流的小组中，每个人都是数字与加密界的先行者。

显然，这些行业精英完全尊重中本聪的匿名选择，因此，他们也从

图 1－1　“密码朋克”小组成员

未发表过对他的评价，但一些细节可以帮助我们了解中本聪在该小组中的领导地位：哈尔·芬尼是中本聪的早期助手。密码小组中交流的种种迹象表明，中本聪的地位高于密码学货币的先行者大卫·乔姆。2011年，维基解密宣布支持比特币捐赠时，中本聪对该网站此举持否定态度，并对阿桑奇提出了建议。后来，维基解密淡化处理了此事。而这也是中本聪最后一次公开发表意见。显然，他对阿桑奇有着不小的影响力。

中本聪发明比特币时，他已经在密码朋克中拥有了较高的影响力

那是2008年，在一个隐秘的密码学讨论组上，中本聪发表了一篇名为《比特币：一种点对点的电子现金系统》的研究报告，报告中阐

述了他对电子货币的新构想，由此，“比特币”概念正式面市。

2009 年 1 月 3 日，中本聪开发出一个人人都能发现电子货币的加密金融体系，并将比特币的最小单位定为“聪”（Satoshi），1 聪 = 0.000 000 01 个比特币——比特币软件客户端正式开始运营，中本聪本人则挖出了创世区块中的 50 个比特币。

挖币的同时，他还在该区块中写入了 2009 年 1 月 3 日当天《泰晤士报》的头版新闻标题——“英国的财政大臣达林被迫考虑第二次出手缓解银行危机”。如其他被多方解读的名言一样，这句话被后来的“中本聪信徒”解读为“对传统银行一类中心化金融机构的嘲讽”。

随后两年间，越来越多的新技术爱好者参与到比特币网站的数字货币挖掘活动中，并与中本聪展开了交流。他们不断升级、扩展这套网络，使比特币社区不断发展成为互联网世界不能被忽视的力量。

在与他人的交流中，中本聪展示了自己对比币特的信心，并认为，第三方化、中心化的电子金融体系与传统金融体系一样，都是不值得信任的：“政府擅长击溃 Napster 那样拥有中央控制的网络，但是 Gnutella 和 Tor 这样完全 P2P 的网络看起来依旧安枕无忧。”

这种交流在 2010 年 12 月戛然而止。12 月 5 日，维基解密泄露了美国外交电报。随后，在比特币社区中，有成员提议，用比特币帮助维基解密打破国际权威集团的全球金融封锁。对此，中本聪坚决反对，在他看来，比特币技术并不成熟，根本经不起折腾。随后，他与阿桑奇进行了沟通，并使对方对此事进行了淡化处理。

或许是由此嗅到了身份被曝光的危机，12 月 12 日 6 点 22 分，中本聪在论坛上预言，美联储将很快再次实施货币量化宽松政策。随后，他告别网友，从此再也没有出现过。而他所挖到的百万量级比特币，依然在其比特币地址上。

1.2 从“拜占庭将军问题”看互联网通信的复杂性

中本聪在盛名之下选择匿名，再一次成就了他“密码朋克”的身份。隐匿的是身份，留下的却是成就：中本聪发明的比特币，并不仅仅是一种能够对国家正式的中心化货币体系造成冲击的虚拟货币，而是一种能够改变整个世界的新技术。它解决了 IT 领域一直以来的“拜占庭将军问题”，预示了区块链时代的正式开启。

难以互信的“拜占庭将军问题”

你或许听说过中本聪，了解一些有关比特币的知识，也大概知道区块链成了全球范围内最火的新技术；但是，你未必知道“拜占庭将军问题”。

“拜占庭将军问题”不仅是区块链的发源，也是一个困扰了计算机科学家数十年的问题。该问题是由“图灵奖”获得者莱斯利·兰伯特（Leslie Lamport）在 1982 年提出的，在分布式系统中认知一致性问题的描述中，它是最著名的例子。

莱斯利·兰伯特是微软研究院的首席研究员，他在 2013 年所获得的“图灵奖”被誉为“计算机界的诺贝尔奖”。在研究分布式系统容错性时，为了让故事能够受到普通人的关注，他用历史故事讲述了一个专业化的问题。

在莱斯利·兰伯特的口中，拜占庭将军的故事大概是这样的：

拜占庭帝国即中世纪的土耳其拥有令人垂涎的财富，周围 10 个小城邦窥觊已久。可拜占庭兵力强大，单独行动势必会失败，还有可能被其他 9 个邻邦入侵。要攻破拜占庭强大的兵防，至少要有 5 个以上的邻邦同时发起进攻。

现在，10 个小城邦的军队都由各自的将军管理，将军们最需要考虑的问题是：如何达到既能联合攻击，又能预防邻国背叛、保障自身安全的目的？

"拜占庭将军问题"中的现实与困境

想解答这一问题，将军们需要直面以下现实：①10 个小城邦之间的状态是互不信任、相互对抗的；②10 个将军不能聚在一起开会商议，以妨被敌国奸细一网打尽；③10 个将军中有可能出现叛徒，叛徒会违反承诺或者擅自变更作战计划，导致其他军队攻击失败，并被其他小城邦侵略。

现在，将军们只能通过信使来协商"是否进攻"，以及"具体进攻时间"，而信使传递的核心信息也围绕这两个问题展开："我是 A 将军，我提议在 10 月 5 日早上 9 点整对拜占庭发起总攻，你是否同意?"

在这一机制下，会引发一系列问题：①信使可能会将信息弄丢，或者被敌国杀害；②信息可能会被敌国截获；③无法确定消息发出者的身份真的是将军；④叛军将军可能会向另外 9 个将军发出 9 个不一样的消息；⑤10 个将军对具体进攻时间的商议过程可能会浪费很多时间。

因为上述问题的存在，将军们想就进攻拜占庭的计划达成一致，看上去就如同一个不可能完成的任务。

达成协议最难的一点在于：在任意时间系统内可能存在着多种提案，这样，便很难让 5 个以上的人在同一个时刻对结果进行一致性确认。可见，这一信息链传输系统极其复杂。

"拜占庭将军问题"其实是莱斯利·兰伯特在工作期间遇到的问题：1982 年，他正在斯坦福担任美国国家航空航天局的顾问，而提出这个问题，也并不是考虑互联网和比特币的应用场景，而仅仅是为了解决航天飞机的安全控制系统。

"拜占庭将军问题"的四大根本难题

在中本聪发明比特币以前，世界上并没有一个非常完美的方法来解决“拜占庭将军问题”。

究其根底，“拜占庭将军问题”最终想解决的是互联网交易、合作过程中的四个问题：

图 1－2 “拜占庭将军问题”的四大核心

“拜占庭将军问题”其实就是网络世界的模型化。

仅拿比特币世界来说，我们可以将每一个比特币交易账号看作一个将军，这些账号分布在世界各地，无法聚在一起，很可能会有恶意账号，账号之间的沟通也很可能因为机器坏了、网络断了、黑客攻击等受到破坏，并且有关账号是不是要支付、具体支付多少的讨论也会浪费很多时间。

而中本聪的扬名，正因为他简化了这些问题。

1.3 矿工机制与算力问题

中本聪在发明比特币的过程中，将复杂的拜占庭问题进行了简化：在合作或对抗的过程中，每个将军都处于同等地位，不存在从属关系的问题，此时，谁做的工作多，谁便拥有决定权。

在“拜占庭将军问题”中，如果 3 个将军同时给对方发自己的军令，那就是同时发送了 9 条军令。而且，现实情况会复杂更多。若大家同时发送信息，必然会混乱不堪。

中本聪在比特币系统中给大家定下了规矩：按顺序来发令。

可是，几个将军的地位都是平等的，势必谁也不服谁，怎么办？

不如大家去做算术题吧！这就是挖掘比特币过程中必然会面对的算力比赛。

算力即权力

谁先算出题来，谁就有资格发令。假如 A 将军先算出了结果，那么，A 先发送。

A 先做完算术题以后，其他将军就停止做题，然后都在自己这里记录下来，并确认 A 确实是最先做出算术题的，那么 A 将军就获得了发令的资格。

之后的军令操作也同样如此：大家从头开始做算术题，还是谁做得快谁先发令，如此往复。

可以看出，“谁拥有最快的计算速度”，谁便拥有优先发令权。

这一优先发令权，在区块链世界里，其实就是区块链记账权的竞争过程：赢得比特币的过程，就是赢得记账权的过程。

计算难题即“挖矿”

算力，顾名思义，可以理解为计算能力，一般用于挖取比特币的过程。挖矿是通过计算某个算式，得出某个结果，谁先算出来谁就可以打包区块，打包区块就有钱赚（比特币奖励 + 交易费）。

挖矿需要计算，而这个计算结果的难度就是挖矿的难度：想找到其解，并没有固定的算法，只能靠矿机随机进行哈希碰撞。这是一种特殊的算法，通过大量运算，近乎随机性地“碰”到正确答案。

挖取比特币需要用特别的计算机——矿机，这是一种用于赚取比特币的电脑，此类电脑的耗电量极大：一台普通的矿机，每小时会消耗 1 度电左右。

表 1-1　矿机与普通计算机

两者间的区别，就像 F1 方程式赛车和普通家用轿车的区别。
F1 速度更快，但它除了进行比赛外什么也干不了。
普通轿车速度比不上 F1，但在日常生活中用途更广。
矿机就是专为挖矿设计的计算机，用途就是挖矿，让它干别的可能干不了。
而普通的电脑在各种领域都能应用，虽然用来挖矿的话效率太低。

用户即“矿工”，他们使用矿机下载软件，然后运行特定的演算方法，与远方伺服器通讯后，便能得到相应的比特币。这是获取比特币的最常见方法。

每一台矿机都是一个节点，每一个节点每一秒能进行多少哈希（hash）碰撞，即代表这台矿机的“算力”，其单位记作 hash/s。

目前主流的矿机为 14T 左右的计算量级，每一台矿机每秒至少能做 $(1.4\times10)^{13}$ 的哈希碰撞。我们可以说，这台 14T 规格的矿机拥有 14T 的算力。

矿工所掌握的所有矿机占比特币全网总算力的百分比，代表着他在这 10 分钟竞争中所能获胜的概率。举个例子，如果比特币现在全网的算力是 100，而某个矿工拥有 10 的算力，那么他每次竞争记账成功的概率就是 1/10。

在比特币系统里，大约每 10 分钟就会进行一轮算力比赛，算力的大小会决定赢得一轮竞争的概率，算力高的节点赢得算力竞争的概率更大，竞赛的胜利者，就获得一次记账的权力。

这样，一定时间内，只有竞争的胜利者才能记账并向其他节点同步新增账本信息。

1.4　从比特币到分布式账本

在比特币考虑的环境中，存在着两个限制：

一是所有节点都必须是分布式、去中心化的，也就是说，在 10 个将军中，每一个将军的地位都是平等的，没有一个中心能够对他们直接下达指令。

二是必须要采用非对称加密的手段，这样每个将军发出的指令和签名不能被篡改。

“拜占庭将军问题”正是为了解决由谁来发起信息，并且如何保证信息的同步与一致性的问题。

而比特币的区块链技术，正是为了解决由谁来挖出区块，并且让整个链上的所有区块统一的问题。

区块 + 哈希算法 + 链 + 时间戳 = 不可篡改的区块链

很多人都是先了解了比特币，才知道区块链的存在的。但事实上，在比特币系统里，最重要的并不是“币”的概念，而是一个没有中心存储机构的“账本”的概念，“币”只是在这个账本上使用的记账单位。

可以这么说，比特币是在互联网上基于区块链的一个去中心化的分布式账本。

在这里，我们可以做一个形象的比喻：若区块链是一个实物的账本，那么，一个区块就相当于账本里的一页，而区块里所承载的信息，就是这一页上记载的交易内容，区块链也正是由这一个个区块所组成的。

◆ 区块

区块是区块链的基本结构单元，它是使用密码学方法产生的数据块。数据以电子记录的形式被永久储存下来，存放这些电子记录的文件，我们就称之为“区块”（block）。

如图 1－3 所示，区块由包括元数据的区块头与包括交易数据的区块主体组成。

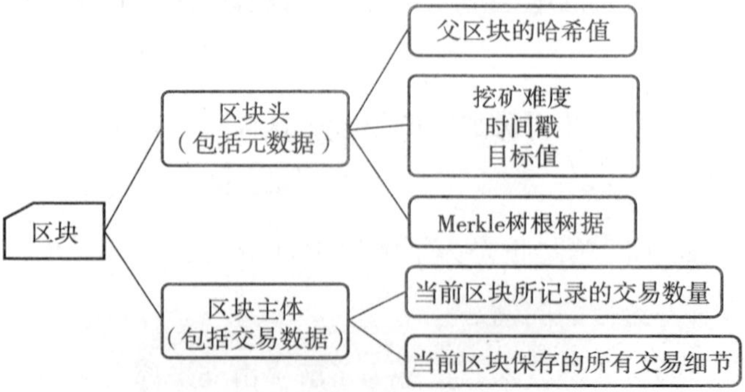

图 1-3　区块具体组成

以比特币的区块链为例，它完整地记录了网络上的每一笔历史交易，好比是一个银行账本。每个区块记录了这几项内容：神奇数、区块大小、数据区块头部信息、交易计数、交易详情。

区块子结构名称	作用说明
区块大小	记录当前区块大小
数据区块头部信息	记录当前区块的头部信息，其哈希值是下一个新区块的参数
交易数	当前区块所记录的交易数量
交易详情	记录当前区块保存的所有交易细节

头部信息子结构	作用说明
版本号	数据区块的版本号
父区块记录	记录了前一个数据区块的哈希值，当前区块的哈希值一定比它小
Meekle树根值	记录了当前区块中所有交易Meekle树根节点的哈希值
时间戳	记录了当前区块的生成时间
目标值	当前区块生产所达成目标值的特征，矿工工作量证明

图 1-4　比特币区块链中记录的信息

区块链系统大约每 10 分钟就会创建一个区块，其中包含了这 10 分钟时间里全网范围内发生的所有交易。每一个区块中都包含了前一个区块的 ID（即识别码），这让每一个区块都能够找到其前一个节点，从而保证了区块链的可追溯性。

如此一直倒推下去，我们便可以看到，从诞生之初运作到现在，全网形成了一条完整、唯一的主区块链。

◆ **哈希算法**

我们之前已经提到，哈希运算是判断区块链算力的具体数据，同时它也是区块链中保证交易信息不会被篡改的单向密码机制。

在接收到一段明文后，哈希算法会以一种不可逆的方式，将之转化成一段数据。

这段数据会有两个特点：①加密的过程是不可逆的，这意味着任何人都无法通过输出的数据，倒推原本的明文是什么；②输出的明文与输出的数据一一对应，任何一个输入信息的变化，都会导致输出的数据出现变化。

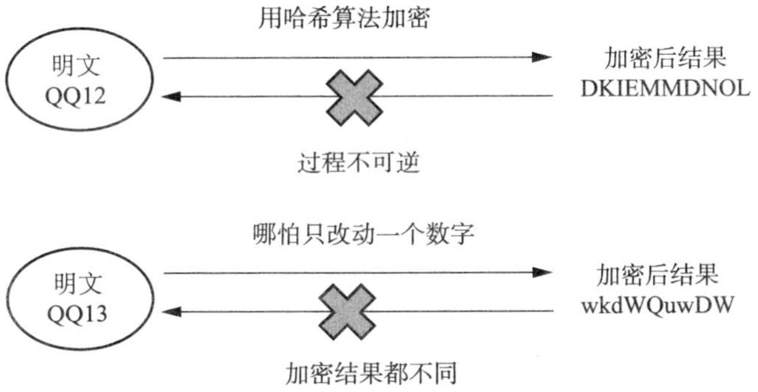

图 1-5　哈希算法加密过程

也正是因为不可逆转与一一对应的特点，哈希值可以唯一准确地标识每一个区块——区块链里，任何一个节点，通过哈希计算，都可以获得这一区块的哈希值，如果计算出来的哈希值没有变化，就意味着区块里的信息没有被篡改。

◆ 链式结构 = 用哈希算法“链”接“区块”

哈希值也正是区块与区块之间形成链的关键因素。区块头部信息中记录了上一个区块的哈希值与本区块的哈希值，本区块的哈希值又在下一个新区块里有所记录，由此，每一个区块的信息值都有新记录，这就组成了每一个区块的信息链。

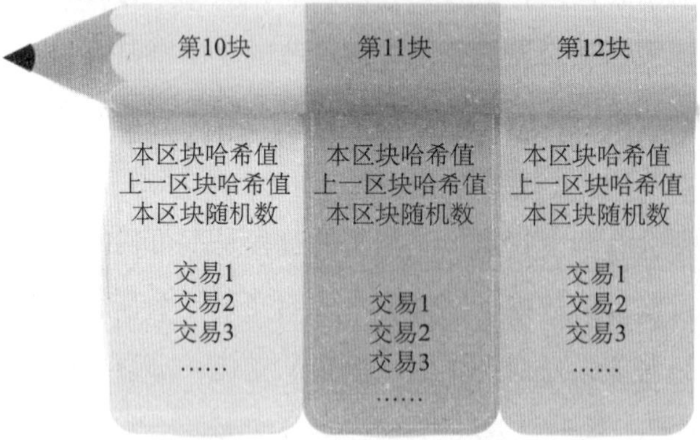

图 1-6　不同区块的信息链

◆ 时间戳：保证区块链信息的真实性

时间戳是指格林威治时间 1970 年 01 月 01 日 00 时 00 分 00 秒（北京时间 1970 年 01 月 01 日 08 时 00 分 00 秒）起至现在的总秒数。

通俗地说，时间戳是某一数据在区块链上存入的具体时间，它使每一笔数据都拥有了相应的时间标记，同时也证明了区块链上在什么时间发生了什么事情，且由于时间的不可追溯性，任何人都无法更改；而区块链也通过时间戳保证了每一个区块都是按照顺序相连的。

时间越长，区块后面所连接的区块就越多，修改这一区块所花费的代价就越高——在时间戳作用下的区块链，就好比地壳一样：越往下层、时间越久远、数据越稳定，越不会轻易发生改变。

区块链把从创世块（第一块区块）以来的所有交易都明文记录在了区块里，且形成的数据记录不可篡改，因此，任何交易双方之间的价值交换活动，都是可以被跟踪、查询到的。

这种完全透明的数据管理体系提供了一种新的可能性：它不仅从法律角度看无懈可击，也为现有的物流追踪、操作日志记录、审计查账等提供了可信任的追踪捷径。

1.5 区块链的优势：全新的可信通信网络

至此，拜占庭将军所面临的四个问题全部得到了解决：①针对“信息私密性”，区块链通过对数据加密，解决了这一问题；②针对“信息发送的身份溯源”，区块链通过时间戳与每个区块的哈希值，将数据前后串联起来，使之可追溯；③针对“不可伪造的签名”，区块链用不对称加密解决了它；④针对“发送信息的规则”，区块链通过工作量证明解决了这一问题，即谁先解出了某个数学难题，谁便获得这一权力。

现在，让我们进入计算机场景，再回想一下“拜占庭将军问题”：军队是计算机节点，信使是计算机间的网络通信，而攻占拜占庭，就是写入一个大家公认的区块记录。

在发送信息时，区块链技术加入了成本，降低了信息传递的速率，并通过工作量证明，即一个节点必须要通过大量的尝试性计算后，才能得出一个结果，而其他节点只需要极少的时间便可以证明其真伪。这样一来，便可减少垃圾信息、假信息在节点之间的传播。

由此，一个不可信的分布式网络变成了一个可信的通信网络，所有参与者都能够在某个事件上达成一致。

不同人来记录的大型账本

从本质上来说，区块链就是一种由不同人来记录的大型账本。

假如你是一位女性，你男友每一次跟你说一句肉麻的话，或者承诺给你买东西，你都立即录下来，并且发给你的与他的所有同学、同事、好友，还有各种群与朋友圈，与此同时，这些人也帮助你记录。在所有人的监督与记录下，他再也无法抵赖，这就是区块链。

这也是区块链的特别之处：一旦数据被存储到数据库，它就永远都无法被修改或者删除；上面的每一个记录都会被永久性地保存下来，就像给你的承诺上传了一样，你的男友不能删除，某个群也不能删除，因为每一个人都有数据库的副本。

综上所述，比特币建立在区块链基础之上，区块链是比特币的核心与底层架构，并且是一个去中心化的分布式账本。

基于节点记账的区块链账本

有人可能会问，既然区块链是个账本，那它与传统账本相比，又有什么不同?

对账本而言，其中记录的内容必须是唯一的，不然就没有意义了。微信的账本是腾讯记账，淘宝的账本是阿里记账。在当下，记账本身就是一种中心化的行为。在通信手段并不发达的时代如此，在今日发达的信息时代也是如此。

不过，中心化的记账却都存在一个致命的缺陷：一旦这一中心出现问题，如被篡改、被损坏或者丢失，那么整个系统就会面临危机甚至崩溃。

可是，在区块链的世界里，负责记账的是每一台参与其中的计算机。去中心化，并不是说没有了中心化，而是说，分布在这一系统中的每一个节点都是中心，这将使中心化大大被弱化。

节点与节点之间争夺记账权是需要付出成本的，这不仅包括购买的矿机以及矿机使用的电缆，还有操作节点的人所投入的时间和精力。人们投入区块链的市场里，本身是一种求利行为，没有了激励，节点之间就会没有进行竞争的动力。

在中本聪的设计中，每一轮竞争胜出并完成了记账的节点，都会获得系统给予的一定数量的比特币的奖励。这一奖励过程，就是比特币的发行过程。

这种设计之所以巧妙，就在于它将竞争的激励机制与加密数字货币的发行完美地结合在一起。在引入竞争的同时，解决了去中心化货币系统中“如何发行货币”这一难题，同时也使挖矿的过程变成了算力竞争的过程、发行的过程。

由此，整个比特币系统得以自发地运行下去；同时，区块链也得以向世人呈现出一个正向循环的经济体系。

区块链系统中展示出来的安全、可靠与透明

在这一系统中，每一个节点都只需要根据自身的利益行事，出于“挖到更多矿”这一“自私”的目的而展开的竞争，却最终造就了保护系统安全的庞大算力基础。

◆ **这一系统是安全的**

由于人人都有账本，所以无法摧毁，每一个节点都只是系统的一部分，而且每一个节点的权利都是平等的，都有一模一样的账本。黑客若想要攻击区块链上的数据，摧毁部分节点对整个系统不会产生任何影响。

◆ **这一系统是可靠的**

在区块链系统中，任何人都没有办法作弊，除非你可以控制系统里大多数人的电脑，并且对之进行修改；否则，系统会按着多数人的意见来决定什么才是最真实的结果。

在这一“少数服从多数”的安排下，你会发现，由于别人不承认，自己修改自己的账本根本没有任何意义。

◆ **这一系统是透明的**

因为没有了中心化的机构存在，每一个节点都是一个分布式的中

心，这使所有的东西都可以通过预先设定的程序自动运行，这不仅可以大大降低系统运作的成本，同时也提升了整个系统的效率。

每个人都有相同的账本，可以确保账本记录的过程是公开、透明的，所以，如今比特币获得了越来越多的信任，而其市场价值也不断升高，进而又吸引了更多的资源投入其中。

至此，你或许会意识到：因为比特币的大火而引起了重视的区块链，不仅在解决著名的拜占庭将军难题的过程中为人们提供了当下我们所能想出的最合理方法，也为后续者打开了新的思路。因此，不管是作为一项技术，还是作为一个整体的系统，其应用领域与发展潜力都将远远超过“电子货币”。

值得一提的是，在中本聪于2008年发表的研究报告中，根本没有提及“区块链”（Blockchain）这个词，只有chain。其研究报告的标题是：《比特币：一种点对点的电子现金系统》（*Bitcoin*：*A Peer-to-Peer Electronic Cash System*）。

由此可以看出，这一系统就叫“比特币”，而chain只是系统的一部分，是系统的子集。只不过，后来出现了各种模仿比特币系统的山寨系统，为了将所有系统总结、抽象出一个总概念，人们约定俗成地造出了“Blockchain”这样一个新词。在这一词汇产生后，比特币反而变成了Blockchain的子集。

这一过程就如同人们先发明了面包，然后发现，制造面包的面粉不仅能用来做面包，还能用来做比萨、馒头、面条一样——区块链是面粉，比特币就是面包。

2

区块链与数字货币的发展

我们正在全面进入区块链3.0时代——正如我们之前所说的那样，随着区块链技术的不断发展，研究者们发现，“区块链”这一“面粉”不仅做成了“面包”比特币，同时也有机会做成其他的东西，于是，区块链2.0、区块链3.0时代随之而来。而在新时代来临以前，知晓区块链的三大发展阶段，以及相关数字货币的发展，无疑对探索、参与区块链的未来有巨大帮助。

2.1 区块链1.0：比特币

简单来说，比特币是一种虚拟的数字货币：它以数字的形式存在，类似于腾讯的Q币，但其获取与价值衡量，都是基于区块链技术上的。

比特币软件是获取比特币的源头

从中本聪发表有关比特币论文的那一刻起，他其实就已经向世人表明了自己将比特币建成“开源软件”的决心。

我们日常生活中最常见的开源软件，即chrome浏览器——这一源自谷歌的浏览器，只要你拥有一定的技术能力，就可以参与其中，建设自己特有的版本。因此，网络上存在许多不同版本、不同作者与特色的浏览器。

比特币软件的客户端也是一样，在其官方论坛https：//bitcoin.org/en/download上，提供了供Windows、OS、安卓等多种操作系统运行的版本，我们只需要选择自己需要的版本就可使用它。

不过，就像虽然chrome浏览器有诸多版本，但使用人数最多的永远是官方版本一样，比特币客户端中，人们最常用的也是创始人中本聪发布的版本。在经典的中本聪版本中，客户端的功能主要有四种，如图2－1所示。

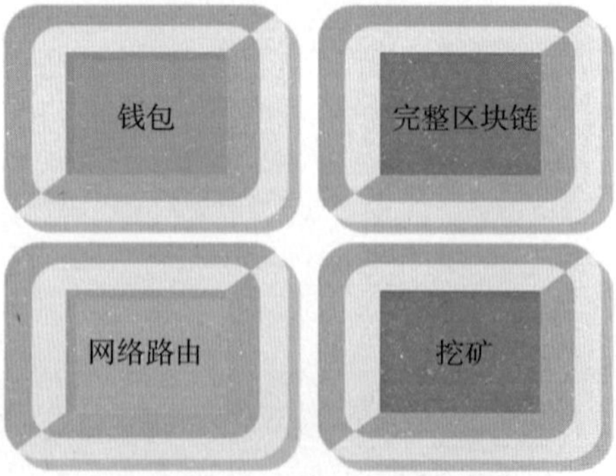

图2-1　客户端的四种功能

◆ **钱包**

主要用于管理用户的密钥，并提供转账操作等功能。

◆ **完整区块链**

由各种节点组成，它是比特币电子现金系统的体现：每一个比特币钱包都是一个节点，每一笔交易都由发起方向周围的节点进行广播，节点收到后，再广播给自己周围的节点，最终扩散到全网，而挖矿的节点在交易完成后，会记录到区块链账本上。

这就像八卦的传播一样：你告诉了好朋友一个秘密，而他会将这个秘密告诉他的好友，他的好友又会告诉其他人——最终，你的秘密变成了人尽皆知的事情。这也是区块链的最大特点：不管你想挖矿还是单纯想交易，都必然会更新整条区块链，这是必然会发生的事情，而不会随着你的意愿改变。

◆ **网络路由：点对点服务去中心化**

比特币隶属P2P网络。P2P网络即对等的意思，与此对应的是“客户端—服务器”架构，有一个提供服务功能的中心服务器，其他客户端通过调用服务器功能完成操作，比如，我们常用的微信、支付宝、网银等。一旦提供商服务器关闭，便无法再使用这些软件。

但P2P网络中，每一个节点都能提供一样的网络服务，它不存在任何“中心服务器”，因此，每一个节点都是中心，且都处于平等状态：提供中心服务，并享用其他节点提供的中心服务。

◆ **挖矿**

在1.0时代，区块链主要是一款支撑虚拟货币的应用，它包括了转账、汇款、加密货币与数字化支付等内容，而比特币则是1.0时代最具有代表性的数字货币。

如果用比喻来说明比特币的话，它就如同我们去游乐园时需要用人民币换的游戏币一样——游戏币并不是真实的货币，它只能在我们兑换的乐园里使用。比特币也是一样，只能在一定范围内使用，并与人民币在某些地方按着一定的比例兑换。

在游乐园里，一般一两块钱能换一个游戏币，而比特币以前也非常便宜，但现在，它的价值涨了许多，高的时候甚至需要十几万元人民币才能换到一个比特币。引起这种价值倍增的关键在于供需不平衡：想持有比特币的人越来越多，但比特币本身是一种通过“解决数字世界的难题”来获取的游戏币，因此，在需求增多、供应少的情况下，其价格自然上涨。

比特币的生产很难，它像我们平日在手机上玩的密室逃生游戏一样：必须在有限的时间内找到开门的方法——就像矿工会通过挖矿寻找钻石与金子一样，这种解谜的动作被比特币爱好者们称为“挖矿”，而将自己的联网计算机提供给虚拟币系统运行、参与解谜游戏的人则被称为“矿工”。

比特币被使用密码学技术，深埋入比特币社区的数据包里，这些数据包就被称为“矿山”，即“区块”（block）。虽然比特币设置之初的大小被定为1M，但每一个区块都有自己专门的记号，就如同每一个矿山上的石头都不同一样：不同的石头来自不同年代的地质沉积，有些是恐龙时代的产物，有些是冰河时代的产物。不同时代的岩石，挖掘起来技巧也不太一样。

区块与区块链接起来，便是“区块链”（Blockchain）。而“矿工”们最关键也最难的任务在于，找出第一个矿山，即“创世区块”（Genesis block）。因为其他链接的区块上都包含着上一区块的信息，按着这样的方法，区块一层层堆积上去，想要挖掘出来第一层也就越来越难。

而且，自从中本聪创建比特币以来，这一层级/区块依然处于不断增长中，密码也在一层层叠加，自然挖矿的难度越来越大。也正是因为挖掘的难度越来越大，比特币才有了高估值的基础。

2.2 区块链 2.0：以太坊区块链

虽然眼下“比特币”与“以太坊”这两个术语通常总是会成对出现，但它们之间有着天壤之别。两者之间唯一共同的地方就在于，它们都是在区块链上运作的加密资产，只是，以太坊不像比特币那样，只是一种加密货币，它还有其他的特征，这些特征联合起来，使其成了一个巨大的分布式计算机。

以太坊：更快速的区块链系统

区块链 1.0 时代，解决的主要是货币与支付去中心化问题，但其技术限制，导致了区块链 1.0 必然会被淘汰。

比特币最初是被设计成一种简单的、点对点的电子现金支付系统，后来密码爱好者们发现，比特币背后的区块链技术能够用在资产、公证防伪等很多方面，因此对其进行了技术上的开发。

遗憾的是，比特币的扩展性非常差，不具备“图灵完备”① 无法在上面搭建这类应用。而且，作为发生在网络上的交易货币，比特币永远受到各地带宽的限制——带宽即上网速度，眼下，发达地区的光纤就像高速公路一样，车子跑起来又快又稳；发展地区的带宽就像普通公路一样，虽然路面平坦但难免塞车；欠发展地区用的多是电话线拨号上网，它们的带宽就像羊肠小道一样，不平也不快。

世界各地的带宽不同，自然会影响到比特币的交易：一方面，每一单交易，都需要全球一定数量的账本记录才能生效，而比特币1M的区块大小，导致了发生在区块链上的所有交易过程都变得极其缓慢。另一方面，就算大家都在高速公路上行驶，路上的车太多，也一样塞车，如今，参与挖矿的人越来越多，人们使用比特币支付的频率也比原来更高，每一次交易都要求复制账本到千千万万矿工的电脑，自然会占用大量的网络空间，带来虚耗。此时，以太坊区块链的出现，更好地解决了这一问题。

2013年，俄罗斯天才少年维塔利克·布特林（Vitalik Buterin）在参与比特币在加密货币等方面的应用并积累了一定的经验后，公布了《以太坊白皮书》初版，同时开始募集开发者。

出生于1994年的维塔利克被其信徒们称为“V神”。他在2013年时开始开发以太坊概念，并在2014年以太坊的预售中售出大约6 000万的以太币。2015年夏天，以太坊区块链正式上线。

以太坊被业界视为比特币的第二发展形态，虽然它与比特币一样，都运行在一个弱中心化的区块链上，但业界很多人认为，它比比特币更有潜力，因为它允许任何点对点的价值交易，并且平台拥有着自己的货币“以太币”。

---

① “图灵完备”是指一切能够计算的问题均可计算。

图 2-2　俄罗斯天才少年维塔利克·布特林

以太坊与比特币一样，也是分布式计算平台

从设计方面来说，以太坊与比特币系统相似，都是开源的、基于区块链技术的分布式计算平台，只不过它的系统更侧重智能合约。所谓智能合约，实际上是代码与数据的集合，它们存在于以太坊的地址上，只是在一定条件下自发执行，而不需要第三方担保与信任。

对于这种新技术，IBM 与三星曾经进行过一个概念验证。在这一验证中，一台运用了以太坊的洗衣机可以做到图 2-3 中的事情。

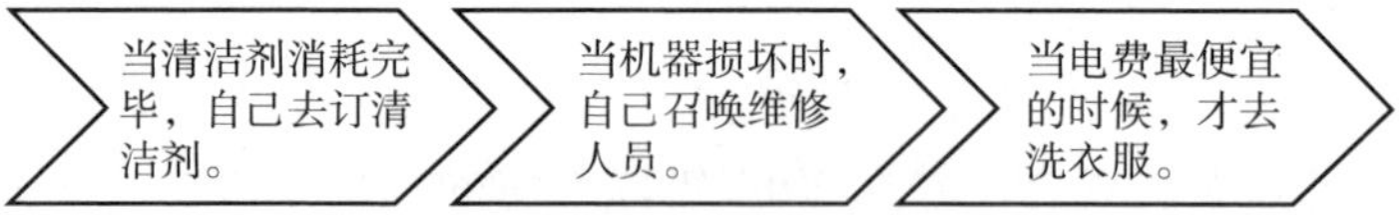

图 2-3　以太坊下的洗衣机

通常只要有一套密钥系统，也就是加密系统，让交易可跟踪，这种结构就可以称为“智能合约”。所有的虚拟货币都是这样的结构。所以，智能合约也就是一套生成虚拟货币的系统，它的本质和比特币是一样的，只不过，你可以在这个平台里自己生成任意多个不同的比特币系统。

为了支持这一系统，自 2014 年 7 月 24 日起，以太坊进行了为期 42

天的以太币预售，共计销售了 60 102 216 枚以太币。值得一提的是，用户当时是用比特币购买以太币的。因此，你得先有比特币，才能购买以太币。

以太坊是全球首个虚拟货币 ICO 项目

如今，以太币已是除了比特币以外，世界范围内运用最广泛的第二大加密数字货币。

如果用市场经济来解释以太币，那么，我们可以将之视为以太坊的股份，只不过它将股份货币化了。

在预售时，设计者维塔利克将交易对象定为“比特币”，这使以太坊收入了很多比特币，所以，现在比特币价格大涨的趋势下，以太坊自然也赚了大钱。只是，比特币现在可以用来购买商品或者服务，但以太币眼下只在以太坊内流通。

不过，通过发行自己的以太币来实现融资的方式，使以太坊成了全球首个用发行自己的虚拟货币的方式来融资的案例，这种方式被称为首次货币发行（Initial Coin Offering，简称 ICO），简单来说，就是第一次对外发行自己的虚拟货币。

2014 年 7 月至 8 月间，以太坊 ICO 时，一个比特币能兑换 1 337 个以太币。在当时，比特币的价格约为 3 800 元人民币，所以，我们大致可以推算出来，当时一个以太币的价格不到 3 块钱。如今，一个以太币的价格早已超过 5 000 块钱——3 年多的时间里，它实现了2 000倍左右的增长，这一奇高的回报率使其投资者们多数都获得了财富自由。

身为创始人的维塔利克自己也大赚了一笔，他最多时拥有 70 多万枚以太币。在 2018 年 3 月 7 日，以太币的价格高达 621 美元，此时，维塔利克的账户中约有 50 万枚以太币，简单算来，他已坐拥亿万身价了。

以太坊的目的

如果只将以太坊当成用于交易的加密货币，那就太过小看它了——其真正的价值在于，让那些拥有以太币的人，可以通过每一台参与到以太坊活动中的电脑成为以太坊的动力，并由这些电脑共同组成分布式的世界计算机。

当然，由于每一个微小语句都会由网络里的每一个节点执行，而这些节点多达千万个，所以，去中心化的以太坊其实运行缓慢且成本高昂。这里所说的缓慢有参照系：如果将淘宝、网银这类由中心控制的服务器的运作速度比作兔子，那么以太坊的速度就是乌龟。

这种快速度、低成本所带来的最大劣势就在于，它们拥有控制我们的力量，一旦服务器出问题，所有用户都用不了该服务。但以太坊则不然：只有每一个节点都出现故障时，去中心化计算机才会出现故障，因此，它能够一直运作下去，这就意味着有网络之处，就有以太坊。只不过，想在这一世界计算机上做任何事情，你都必须要支付以太币。

以太坊的三大特点

2015 年 7 月 30 日，以太坊正式上线。为了使其实现良性发展，以太坊维护团队专门成立了“以太坊基金”，与各个以太坊开发者一起协同进行以太坊的维护，这也是它的一大特点。

与比特币相比，以太坊有三大特点。

◆ 以太坊的管理更严密

以太坊的管理属于非营利性的协会制，与比特币相比，其管理更严密，也会提供以太币给系统开发者与系统升级者。这就意味着，你不单能通过“挖矿”获得以太币，还可以通过帮助以太坊系统找到 Bug（系统漏洞）获得。而这样的奖励机制，无疑会使更多开发者以更高的积极性去维护它的生态系统。

◆ **以太坊用成立联盟的方式，保证应用的开放和标准化**

以太坊的第二大特点就在于，它成立了企业以太坊联盟（Enterprise Ethereum Alliance，EEA）。这些联盟成员既包括美国康奈尔大学这样的专业学术机构，又有像ConsenSys这样著名的区块链应用开发者，更有像微软、英特尔、JP摩根、埃森哲等一流公司。这些大企业都是以太坊应用的积极引入者，它们借助以太坊进行应用开发，使自己随时可以根据最新的区块链技术为客户提供更好的服务。

◆ **企业能够通过以太坊发行自己的虚拟货币，完成融资**

这一点是将以太坊与比特币彻底区别成两个技术时代的关键：比特币只是一个单一的币种，但在以太坊的平台上，你可以制造出自己的虚拟货币，而且可以发行它，即通过自己售卖虚拟货币，实现融资。

不过，这也意味着，如果一个公司在以太坊平台展开首次公开发行，就必须要用以太币来购买自己公司的货币。

建立在智能合约基础上的2.0时代

区块链2.0时代以智能合约为依托，智能合约的作用，我们可以通过下面的场景来想象：

A想买B的房子，虽然B也同样有意卖给A，但眼下，B将房子租给了别人，租期还有两个月才能到期，因此，无法立即交易。可两个月后，A会因事出国，无法办理房屋所有权的转让手续。

那么，这单交易要如何实现？

A与B商议后，决定在以太坊建立一个有关房产转让的智能合约，智能合约中规定，两个月租客的租约合同履行完成后，A将房子的钱打到B所属的钱包中，B的房屋所有权立即转让给A——此时，智能合约会自动执行这一合同。

现实生活中，若想订立、履行这样一个房屋买卖合同，双方必须要在签订合同后，到登记机关提供各种证明信息，以办理产权交接。这个过程不仅麻烦，而且费时。但在智能合约的作用下，双方只需要事先签订交易的规则，钱一到账，交易便会立即自动执行。

不过，现阶段因为以太坊本身的局限性，区块链 2.0 一般只能集中用于特定对象（比如合同双方），交易也主要以房产、知识产权等特定资产为标的，且交易范围也比较局限。

2.3 区块链 3.0：超越金融与货币的区块链应用

目前，整个区块链的发展其实并未真正到 3.0 的时代，而是处于 2.5 时代中——真正的区块链 3.0 正在路上。有关它的未来，专家们能够设想到的一点就是，它将和互联网一样，成为基础设施，并在我们生活中的方方面面被广泛地应用。

真正支持复杂贸易使用的技术存在

区块链 2.0 的使用被限于金融、证券行业，但在区块链 3.0 时代，则进一步逾越了经济范畴。

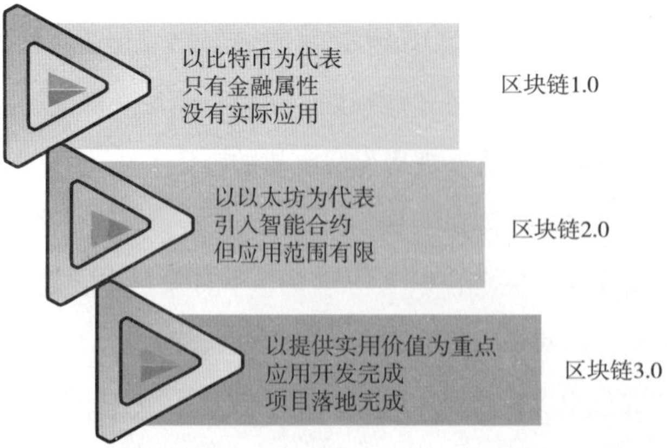

图 2-4 区块链从 1.0 到 3.0 的进化

在全球范围内，区块链 3.0 将构造起一个分布式记账系统，这一由个人计算机参与其中的“超级账本”，不仅能记录发生在金融业的各项交易，而且几乎可以记录任何有价值的、以代码形式表达的事物。

随着区块链技术的不断进步，其应用将直接影响全球范围内的物理资源、人力资产的分配，以促进科学、健康、教育等范畴内的大范围协作，真正成为“将万物互联”的一种最底层的协议。

其最明显的特点就在于，它将不再依托于某个第三人或者机构来取得信托，或者树立信誉，更能节约时间和人力成本。

打个比方来说，在当下，企业想要做一部手机，如果一切从头开始的话，那么，手机的每一个模块都要从头、单独开发，CPU、GPU 模块、摄像头模块、触摸屏、电池、喇叭等，如果都要一一开发的话，那自然极其浪费人力、物力。

在区块链 3.0 时代，企业只需要基于以太坊进行二次开发即可：它会为你提供相应的供应商，你只需要针对自己手机需要的配置，与供应商进行协调，让其根据配置变化具体模块，而不需要企业自己再一一重新开发。零件提供商开发好后，发过来，企业直接调用后再组装就可以了。

这就是区块链 3.0 的作用：它强调的是技术的扩展与进步，目的是达到提高效率、降低成本与通用之间的平衡。

区块链 3.0 的三大门槛，决定 3.0 时代依然在路上

在区块链 3.0 时代，一个高效的、可以支撑商业级去中心化的应用平台，需要满足图 2-5 中的四大条件。

这四大条件，其实已经决定了想让应用平台成为区块链 3.0 项目，就必须要先迈过两大门槛。

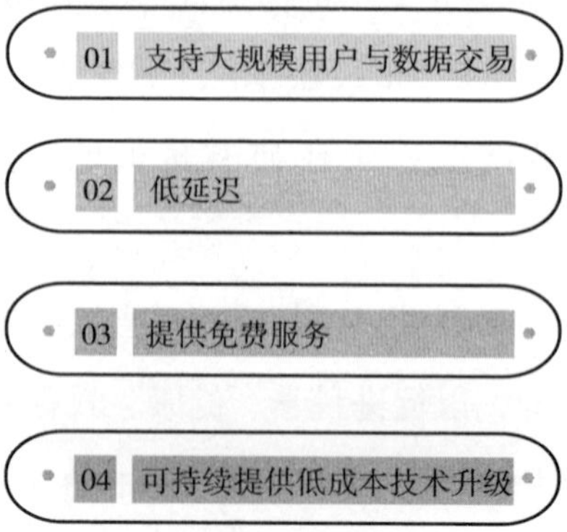

图2-5 区块链3.0平台的基础

◆ 以TPS为代表的高并发处理能力

TPS是Transactions Per Second的缩写，也就是事务数/秒。它是软件测试结果的测量单位。一个事务是指一个客户机向服务器发送请求然后服务器做出反应的过程。这就好比饭店的服务过程一样：顾客提出要求，服务员告知吧台顾客对酒品、菜品的要求，厨房或吧台开始处理要求，并迅速将顾客需要的菜品呈上。在保证菜品质量的前提下，酒店完成这一动作的效率越高，便证明其饭店质量越好。

这一原理反映在服务器上同样如此：某一系统每一秒可以完成图2-6中的循环数越多，就证明该系统的事务处理能力越强。

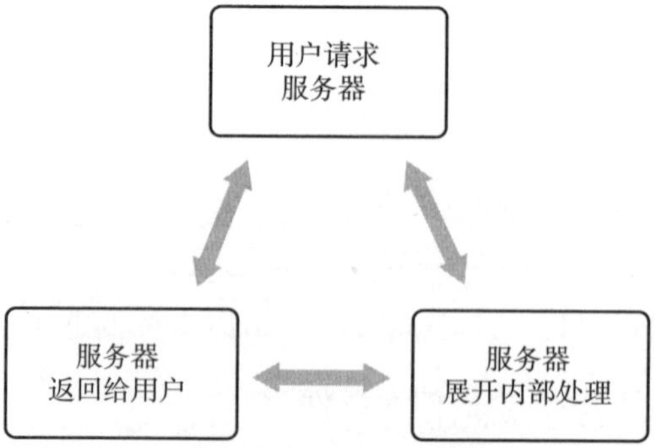

图2-6 TPS运作过程

每秒能够完成 3 个图 2-6 中的循环，TPS 就是 3。

人们之所以会将以太坊的出现视为区块链 1.0 与区块链 2.0 的分界线，就是因为以太坊的 TPS 与比特币相比有了极大的提升。

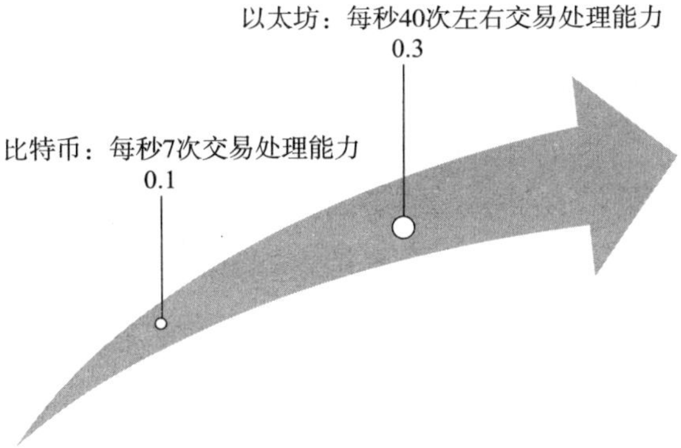

图 2-7　以太坊与比特币的 TPS 对比

可就算是提升了 6 倍之多，以太坊的 TPS 依然会出现拥堵：因为上菜速度快、菜品好吃，顾客蜂拥而至时，饭店如果依然保持原有处理速度，自然会出现问题。事实上，当前以太坊的最大短板就在于 TPS：链上的应用稍微火爆一些，就会造成网络拥堵。

比如，区块链游戏加密猫，其日均活跃用户在 1 000 人以内，但就算这样的人数，也屡屡造成了以太坊网络大堵车——你能想象微信有超过 1 000 个人同时上线时，就会造成软件瘫痪吗？因此，以太坊虽然发展了区块链，但其依然低下的性能水平根本不足以在信息社会具备广泛的实用价值。

因此，未来区块链 3.0 时代的项目一定会在性能上有大幅度的提升，而且，其幅度可能不会是数倍，而是数百倍甚至是数万倍的——2017 年一直被业界人士广泛议论的区块链操作系统 EOS，之所以敢以“3.0 时代的代表”自称，就是因为它号称自己可以达到 1 万次/秒的交易处理能力。

不过，就算 EOS 的运算能力真的超过了 1 万 TPS，也依然无法与现实需求相匹配，因为在当代飞速发展、高需求的互联网产业里，人们常用的谷歌、微信、淘宝、网络网银等系统平台的 TPS 都是动辄数十、上百万，因此，区块链技术要想真正成为能够落地的技能，百万级别的 TPS 是必需的前提条件。

◆ **与实体经济接轨的能力**

目前有关区块链的种种供述中，最受人们认可的是，区块链 3.0 必须要结合各个行业的实际应用，使用户可以真实感觉到区块链技术与项目是有价值的、具备实用性的。

这种“唯结果论 3.0”的论调有其必要性：无法赋能实体经济，它便与比特币、以太坊一样，只有预期性的理论优势，而新的区块链时代划分，必须要有“质的飞跃”。

其实，从应用场景来看，区块链 3.0 也必须要具备可运用于实体经济的特点。区块链 1.0 只是一群程序员与极客之间的游戏，在此阶段，普通人根本无法参与其中；从区块链 2.0 开始，金融、证券行业开始使用区块链技术，并获得了积极的成效；按照物理世界“一代更比一代强、一代更比一代广”的基础进化原理，在 3.0 时代，区块链的应用场景必然需要扩展到整个经济体系，覆盖生活的方方面面。

其实，区块链技术正热的当下，号称自己是 3.0 的项目多如牛毛，其中一些也的确收获了人们的关注，而各个项目本身对自我性能也表现出了极大的自信，号称 TPS 上百万的项目也并不在少数。不过，这些项目眼下要么在进行技术攻关，要么处于筹备之中，基本上还停留在概念上，并无切实可用的成果。结果才是一切，如果一项最新发布的区块链技术只能在实验室、交易所中打转，那么，我们便可以判定它距离 3.0 还很远。

在可以预见的未来，区块链将会超越金融领域，进入社会公证、智能化领域中（区块链 3.0 时代）；而在这一时代里，区块链技术将为我们提供身份认证、医疗服务、邮件、投票等各方面服务，其应用范围将扩大到整个社会，也有可能成为“万物互联”的最底层协议。

2.4 当 Token 作为激励手段出现

比特币大火，区块链很热，使得原本只有计算机软件人员才知晓的专业词汇 Token 瞬间也成了热词，只是其含义发生了巨大变化。

图 2-8 Token 词义变化

正如区块链的本质简单理解就是刷新了“信任机制”一样，Token 的本质就是“激励手段”，其实并没有那么晦涩难懂。

由行为心理学发展而来的 Token

“Token economy”并非什么新概念，而是一种早就出现在行为心理学领域的激励方法。在行为心理学领域，“Token 代币法”是一种有利于行为塑造的方法，它在行为矫正、产品促销、游戏等领域早有应用：我们去化妆品专柜购物，攒够一定的积分，可以换购东西，这是 Token；我们去某商场购物，拿着票据可以到某个游乐场实现 8 折全场玩，这是 Token；我们在游戏中打怪赢得游戏币，可以用来购买新的游戏装备，这是 Token；幼儿园发给遵守纪律的小朋友小红花，也是一种 Token。

耶鲁大学心理学教授艾伦·卡兹丁早在1977年时，便已经提出了“Token 优势”，他直言，使用代币，可以产生如下优点：一是使用代币要求的条件较少，可在期望的行为发生后立即提供；二是对于持续发生的、符合期待的行为，可持续地通过提供适当数量的代币给予强化；三是代币可满足个体对实物或活动奖励的不同偏爱；四是个体对实物奖赏容易产生满足感，而对代币较少产生饱和感，能保持持续的激励作用。

由此可见，代币对个体行为拥有引导、激励作用，有着明确的理论依据。

我们猜想，中本聪肯定对行为心理学有一定的涉猎，并且深谙“Token 优势”，因此，才会将“比特币”这种“点对点的电子现金系统”设计成了一个做题竞赛，先答出正确答案的人，便奖励一个比特币。

于是，全世界的矿工们，为了得到一个比特币，疯狂地做题挖矿，顺带将记账的事情也给完成了。这其实也正是比特币的本质：它是一种引导、激励矿工进行记账的手段，即 Token。

Token 的魅力

认真思考你便会发现，“Blockchain + Token”的设计非常精妙：区块链通过非对称加密、分布式存储等一系列技术组合，构建起了一个去中心化的自组织管理的体系与工具，解决了人们在合作中的相互信任问题；而 Token 作为生态系统内的价值媒介，解决了激活内部生态、保证系统长期稳定运行的内生动力问题，这样就使得大规模、高效率、低成本的社会协作成为可能，一种崭新的社会经济形态就此诞生。

作为未来可能最有价值的新体系，没有 Token 的区块链是不可想象的：数据可追溯能够使它拥有一定的实用性，但其影响力非常有限，而且这样也根本体现不出来区块链本身的价值。

更重要的是，一旦真正的弱中心化区块链生态建立起来，全球范围内的商业组织形态与生产关系都会发生极大的变化——这一趋势就如同十几年前互联网引发的改变一样，难以阻止，且会呈现出爆发状态。

互联网的本质是使人类的组织形态更松散，而不是更垄断、更集中，因此，如何调动用户的参与度，是未来所有新技术最核心的部分。

在其中，“人”才是最重要的节点，所有技术研发者都需要考虑如何真正做到“以人为本”，如何使用激励手段，促使“人成为节点”，这才是区块链时代最值得去思考的话题。

也正是因为Token所实现的激励作用，我们才可以下这样的定论：没有了区块链的加持，Token的魅力会大大减弱；而没有了Token的区块链，则比一个分布式数据库高级不了多少，其应用场景与功效也将大打折扣。

同样是Token，作用却各有不同

如果说，比特币体系使“Token + 区块链”联合起来，激活了一个新的世界，那么，比特币以后所出现的其他Token，则因其类型不同而提供了不同的基本价值。

目前，市场上的Token可以分为四类，如图2-9所示。

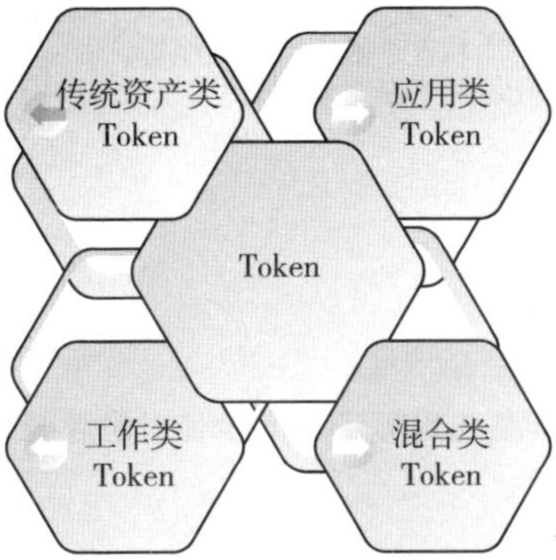

图2-9　市场上的四类Token

◆ 传统资产类 Token

此类 Token 是指用密码学表示的传统资产，比如房产、黄金、股权等。这种 Token 拥有明显的基本价值，同时又具备区块链 Token 的良好流动性与全球性特征。

◆ 应用类 Token

此类 Token 能够提供一种数字化的服务，即要想使用项目的服务，就必须持有此类 Token。

应用类 Token 就像 Q 币一样：你想使用腾讯超级会员的“换肤”权益，就必须要使用 Q 币去购买。它的基本价值是由其所代表的数字化服务的资源唯一性、有用性所决定的。

比特币就是最为人熟知的应用类 Token：为了使用比特币区块链，人们需要比特币（BTC），而比特币区块链上超强（超过以往所有可获得）的哈希算力，也保证了人们上链数据的安全。

根据这些资源所保持的唯一性与可区分性，比特币未来的价值也会比其他 Token 更稳定一些。

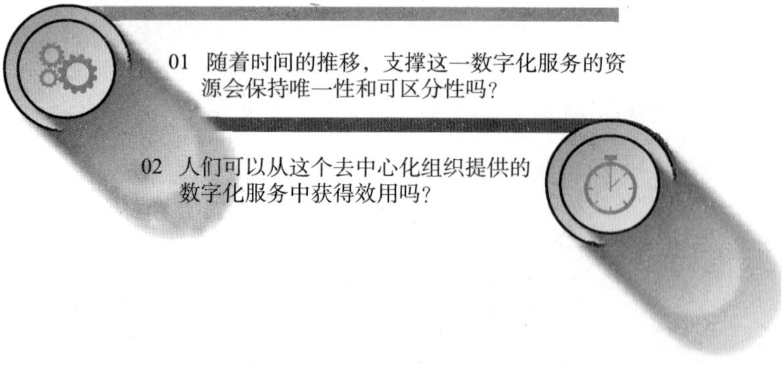

图 2-10 评估应用类 Token 价值时最重要的两个问题

◆ 工作类 Token

工作类 Token 可以赋予 Token 持有者向某个去中心化组织贡献工作

的权利，从而帮助去中心化的组织正常运转。

这种 Token 有时候会带来回报，有时候则不会，持有者愿意保留与使用它们，更多地是为了实现自我能力，验证某个设想，或者单纯地为了一个美好的目的。它们就像软件对编程人员特意开放的客户端口一样：一方面，编程人员可以通过它们实现自己对软件的更好改变，或是做出一些更适合自己或小众人群使用的软件版本；另一方面，他们也可以通过此类端口验证自己的能力。

目前，市场上的工作类 Token 并不多，最典型的就是预测市场平台 Augur 的 Reputation（REP）、去中心化金融应用程序 Maker DAO 的 Maker（MKR）。

在 Augur 里，使用去中心化预测市场并不需要 REP，但是 REP 给了持有者报告事件结果的权利，而这对整个系统的正常运转非常有必要。

而对 Maker 来说，MKR 持有者本身就是该组织的治理者，他们对技术的不断研发，确保了组织能够以良好的状态运转。

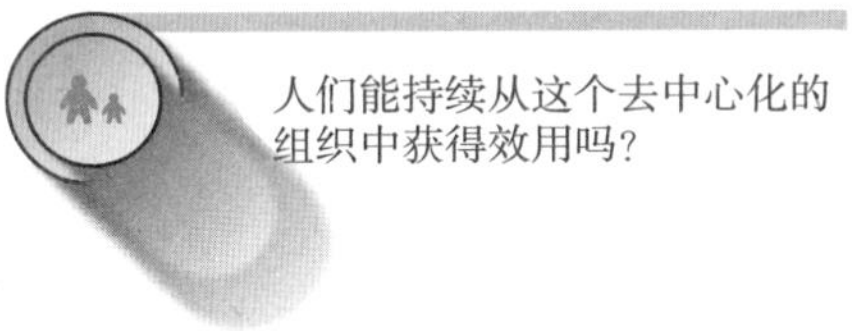

图 2-11 评估工作类 Token 时最重要的问题

◆ **混合 Token**

未来许多的 Token 都会是混合型的，这意味着它们既可以作为应用类 Token，也可以作为工作类 Token，最典型的代表就是以太坊的以太币。

当以太坊从 POW 转到 POS，以太币（ETH）便成了应用类 Token（使用 EVM 你需要 Gas）和工作类 Token（ETH 给你验证交易和在交易中获利的权利）。

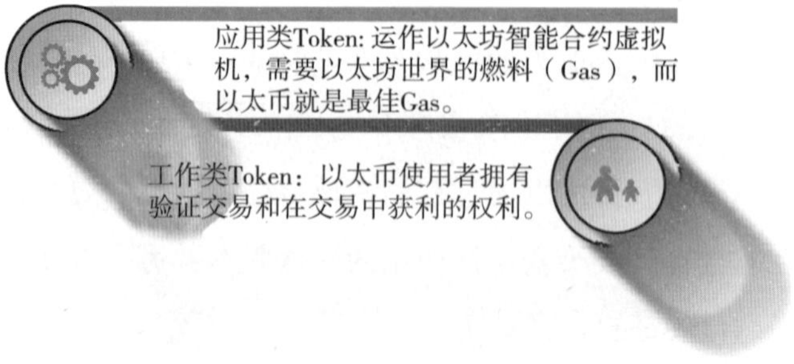

图 2－12　以太币具备两种 Token 功能

值得一提的是，近年来，由于数字货币的价格一直在剧烈波动，由此掀起了巨大的投机泡沫，甚至在某些国家引发了首次币发行的乱象。在我国，已明文禁止通过 Token 展开首次币发行——国内正在探索区块链应用的蚂蚁金服、腾讯、百度等巨头公司早已明确表态：要链不要币。这也预示着，在国内区块链项目的研发中，Token 的作用将更多地被限制在有助于区块链技术的研发范围内，而不会被政府支持、引入具体的价值投资中。

3

区块链的基础架构

本质上，区块链是加密货币背后的技术，当下，它是与VR虚拟现实、AI人工智能比肩的热门技术。从1.0到3.0，发展到现在，区块链已经形成了完整的框架模型。不过，作为一种架构设计，它与计算机基础语言或平台差异巨大，而我们在本书中谈及的区块链，皆是广义上的：它们实现了数据公开、透明、可追溯的产品架构设计。具体来说，这种广义上的区块链包括六个基础模型和三大类型。

3.1 区块链的六个基础模型

从之前的描述中，我们可以总结出：区块链技术其实就是一个去中心化的分布式账本，它能够实现价值与信任的传递。

在日常生活中，我们常见的账本是在一页一页子账中逐笔记录，然后汇聚成册、形成一个账本的。一个账本记满了，再在一个新账本上开始一页页地记录，最终，所有的账本按着时间顺序组合在一起，形成一个总账本——其结构非常清晰。

既然区块链在本质上是一个账本，那么这个电子化的账本的形式是怎样的呢？

其实，业界对有关区块链的基础模型早已达成了共识，人们将它自下而上分为六层，分别为数据层、网络层、共识层、激励层、合约层、应用层，每一层次都有其对应的核心功能，如图 3－1 所示。

◆ **数据层**

区块链通过区块进行数据存储，每一个数据节点之间都包含着所有的数据。数据层主要是通过特定的时间截与加密技术存储数据，并形成一个有意义的区块，这是整个区块链技术最底层的数据机构。

就如同表 3－1 中的现金日记账一样，一页账本中，每一条账目都有相应的时间、凭证编号、摘要、借贷金额、余额等数据。

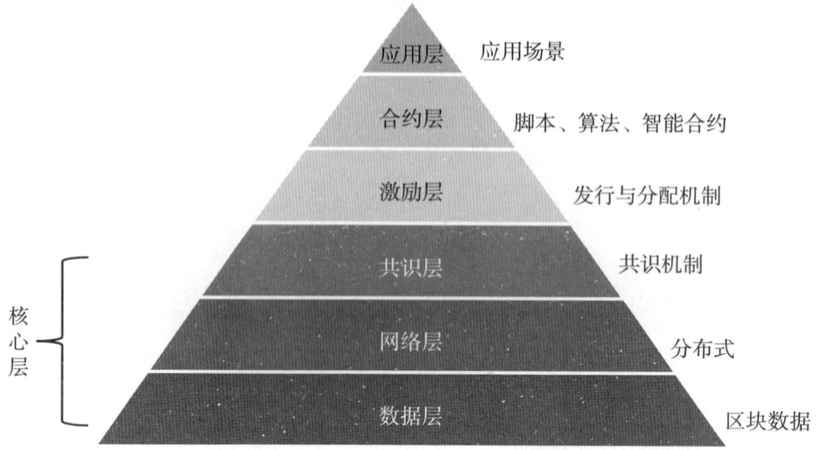

图 3-1　区块链技术的分层模型

每一个区块的结构如表 3-2 所示。

每一个区块中都包括了区块的具体大小、区块头、区块所包括的交易数量，以及部分或所有的、近期发生的新交易。在每一个区块里，对整个区块链起到决定性作用的是区块头。

数据层中的数据生成运用了诸多的技术，比如时间戳技术，它可以确保每一个区块都能够按照时间先后顺序进行相接，而非对称加密技术则使数据不能被篡改。

网络层

数据层中的数据有秩序地组合好以后，如何才能让网络里的其他节点知道呢？一般的系统通过将数据传送至中心化的云端服务器上，再由服务器传达至客户端来完成这一步，而区块链因为本身就是去中心化的服务器，它依靠用户点对点交换信息来完成，而这就需要网络层来实现。

表3-1 现金日记账

年		凭证编号	摘要	对方科目编码	借方										√	贷方										√	余额									
月	日				千	百	十	万	千	百	十	元	角	分		千	百	十	万	千	百	十	元	角	分		千	百	十	万	千	百	十	元	角	分

表 3-2　一个区块的区块结构

大小	字段	描述
4 字节	区块大小	用字节表示的、该字段以后的区块大小
80 字节	区块头	组成区块头的几个字段
1～9（可变整数）	交易计数器	交易的具体数量
可变的	交易	记录在区块里的交易信息

网络层的功能是实现区块链网络中节点与节点之间的信息交互，主要包括点对点（P2P）的组网机制、数据传播和数据验证机制。正是由于区块的 P2P 特性，数据传输是分散在各个节点之间进行的，部分节点或网络遭到破坏对其他部分影响很小。

这就像我们平日里使用的 BT 下载技术。它的全称为“BitTorrent”（比特流）。举个例子：BT 服务器会将一个文件分成 N 个部分，有 A、B、C、D 四位用户同时下载，那么 BT 并不会完全从服务器中下载已经下载完成的部分。

比如，A 已经下载了第一部分，B 已经下载了第二部分，那么 C 就会从 A 的机器中下载第一部分，从 B 的机器中下载第二部分，当然 A、B、D 三位用户也在同时从 C 的机器中下载相应的部分，这就大大减轻了 BT 服务器的负荷，同时也加快了 C 的下载速度。

最重要的是，就算某一个点关闭了软件，但只要整个网络中还有人在下载与上传，整个流程就不会受到影响。

共识层

因为区块链里的每一个节点都能够生成新的区块完成记账，那么，如果所有节点都在同时记账，整个网络自然就会乱套。共识层的功能就在于此：P2P 网络环境使高度分散的节点针对区块数据的有效性达成共识，并决定谁有权利将新的区块添加到主链中去。

目前，区块链中有超过数十种的共识机制算法，比较常用的有工作量证明、权益证明、委任权益证明等共识机制，后面我们会详细谈及这些内容。

激励层

激励层的功能就如同游戏打怪时会额外得分、解决了难题老师会发小红花、搞定了难搞的客户会发奖金等奖励一样：它提供了一些有效的激励措施，鼓励每一个节点积极参与记账，以保证整个网络能够安全运行。通过共识机制胜出、获得了记账权的节点，将获得一定的奖励。

目前最常见的比特币的激励措施主要有两种：一是算出难题、获得记账权进行记账、新区块产生时，系统奖励产生的比特币；二是每一笔交易扣除的手续费。不过，就如我们之前所说的那样，比特币总量是有限的，当2 100万枚比特币被发掘得越来越少、越来越难时，激励措施就更多依靠各种交易产生的手续费了。

合约层

“可编程”是区块链与生俱来的特性，其基础就是合约层中封装的各类脚本、算法与智能合约，比如，比特币的脚本里就规定了比特币的交易方式与过程中的种种细节。

智能合约也是存储在区块链上的一段具体的代码，它们能够被区块链上的交易触发，被触发以后，这段代码能够从区块链上读取数据，或者向区块链里写入数据。这样一来，便能利用固定的程序算法替代人去仲裁与执行合约，这也是人们预想的在未来可以节约巨额信任成本的关键技术层面。

应用层

应用层封装的是与区块链相关的各种案例、应用场景，比如，搭建在以太坊上大大小小的区块链应用，我们在前面提到的让以太网瘫痪的区块链游戏项目以太猫，就部署在应用层上。

数据层、网络层、共识层是构成区块链技术的必要元素，也是其最具代表意义的创新点，缺少任何一层都将不能称为真正意义上的区块链技术；相比之下，激励层、合约层、应用层却不是每个区块链应用都要有的必要因素，一些区块链应用并不包含这三层。

3.2 公有链

从技术上划分，区块链技术可分为三种，即“公共区块链/公有链”（Public Blockchain）、“私有区块链/私有链”（Private Blockchain）和“联盟区块链/联盟链”（Consortium Blockchain）。这三种区块链技术不仅定义不同，其特点与应用情况也有所不同。仅拿公有链来说，它是完全公开化的全球性账本，全世界任何人都可以读取、任何人都能发送交易，并且交易能够有效确认的、任何人都能参与其共识过程的区块链，只是共识过程决定着哪个区块能够被添加到区块链中，并进一步明确当前状态。

2018 年 5 月，国家公布了工信部赛迪全球公有链技术评估结果，并确定了公有链评估对象的认定标准。从图 3－2 中可以看出，想成为公有链，区块链项目需要达到什么样的标准。

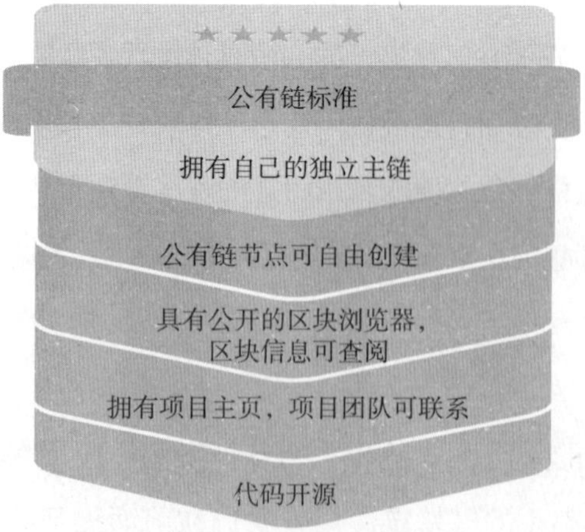

图 3－2　公有链标准

公有链被认为是最符合区块链精神的存在，它就像一个公开的大型贸易市场一样，对所有人公开，用户不需要注册与授权就可以匿名访问网络与区块，只要拥有一定的编程技术能力，你就能自由加入与退出网络，并参与记账和交易。

完全去中心化的公有链

公有链被视为是完全去中心化的，而这种去中心化的特点主要体现在以下三个方面。

◆ **保护用户免受开发者影响**

在现阶段的软件运用中，用户往往会被加以多条限制，比如微信就常常会针对某类用户出台“限号”“删号”一类的措施。这种现象在公有链中不会出现，因为程序开发者无权干涉用户，所以，区块链能够保护使用它们开发程序的用户。

◆ **访问门槛低**

只要你具备足够的技术能力，你就可以访问，就像美国规定“成年人才能饮酒一样”，“成年”是饮酒的门槛；而区块链的访问门槛则是你要拥有一台可以联网的计算机。

◆ **所有数据皆处于默认公开状态下**

虽然所有参与公有链的人都可以通过隐藏自己的真实身份来保护自身安全，但每个参与者都能够看到所有节点的账户余额与其所有的交易活动。这就好像每一个人都在网络世界穿了一件隐身衣一样，与你相关的数据与最终的行动结果会被看到，但他们并不能探知你是谁、你身在何方。

公有链通过非对称加密的密码学算法，保证了交易的安全性及不可篡改性，从而在陌生且不安全的网络环境中建立起了互信与共识机制。

一般情况下，公有链中的共识机制是工作量证明机制和权益证明机制。

最流行的几大公有链

虽然区块链 3.0 依然处于建设状态，但公有链已是各大巨头争相抢夺之地，这源于公有链的重要性。底层公有链其实就相当于区块链的操作系统，它就如电脑的操作系统一样，微软的 Windows 系统与苹果的 OS 系统之争，正是因为谁拥有了更多用户，谁在未来就有更大的发展空间。

而区块链公有链这一操作系统的实际落地，不仅能使区块链从概念走向应用的难度不断降低，也决定了谁将是未来区块链领域的“微软”或“苹果”。

目前，几大主流公有链除了我们之前反复提及的比特币、以太坊以外，还包括下述项目。

◆ 量子链

量子链英文全称为 Quantum Blockchain，是首个基于 UTXO 模型的 POS 智能合约平台，它吸取了比特币的核心基础架构，又使用了能够相互兼容的以太坊虚拟机版本，这种强强联合使量子链有两方面优势：拥有着比特币坚不可摧的区块链网络，又可发挥智能合约的无限可能。

量子链致力于开发比特币和以太坊之外的第三种区块链生态系统，希望创造简单实用的去中心化，其应用可以在手机、平板等移动设备上运行，而且兼容目前的各种主流区块链生态系统。

◆ 小蚁

由于都拥有智能合约，涉及了 Gas 费用，小蚁（NEO）被很多人称为“中国的以太坊”，不过，这两者间还是存在着明显的区别。

以太坊的智能合约只能使用以太坊自己的编程语言 Solidity，而小蚁却是开源性的，它可以兼容常见的 Java、C#、Go 等编程语言编写智能合约，从而快速上手区块链开发，仅从这一点来看，小蚁的智能合约的确更能体现高确定性、高兼容性、高扩展性等特点。

小蚁 NEO 的主要目标是为“智能经济”提供分布式网络的基础架构。

而图 3-3 中的等式，也恰恰描述了 NEO 希望建立的生态环境：通过操作协议、P2P 等技术结合，使每一个人都能够高效、合法而安全地管理自己的智能资产。

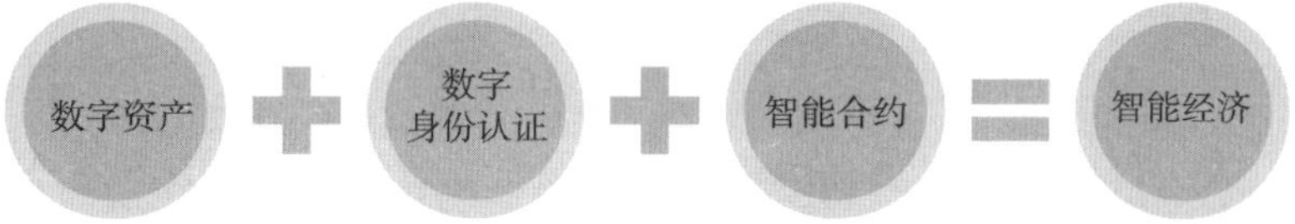

图 3-3　小蚁 NEO 的主要目标

◆ IOTA

如果说，量子链与小蚁 NEO 侧重于人与机器的对接，那么，IOTA 这种新型数字加密货币则专注于解决机器与机器之间的交易，它通过实现机器间的无交易费支付来构建未来机器经济的蓝图。

IOTA 是为物联网（IOT）设计的新型交易结算与数据转移层，它同样采用了开源技术，交易结构使用了 Tangle（缠结）形式：积累的交易越多，可信度便越高；同时，由于不存在矿工，其手续费与交易费用皆为 0，这就意味着，不管多小额度的支付，都可以通过 IOTA 完成。

不过，这种实时、微交易、无交易费用的优势其实也是 IOTA 最大的劣势——任何人能够在任何时间发送大量交易，故意扰乱网络效率，这对于真正的物联网应用中心是不可接受的。

◆ EOS

它是区块链初创公司 Block. One 正全力研发的一个公链系统，使用了 DPOS 共识算法和最新的区块链工具组石墨烯技术，这两项内容可以使其满足每秒上万次甚至是上百万次交易请求的企业级应用需求。

同时，EOS 与 IOTA 一样，进行转账交易与智能合约的运行时，并不需要消耗 EOS 系统代币。它已经为开发者提供了用友的底层模块与一些应用都会用到的通用型功能，比如加密的实现、区块链通信工具的应用等。可以说，EOS 是最近似于区块链应用的操作系统，开发者只需要在上面开发出不同的 APP 就好。

EOS 与其他公链系统最大的不同在于，它建立起了自己的“宪法”：这一本质上为约束性合约的存在定义了仅依靠代码无法完全执行的用户间义务，同时还定义了源代码协议的人类可读性意图。一旦系统出错，人类可读性意图便能判断出此错误是系统本身的 bug，还是有人故意在发起攻击，并判断社区所采取的修复举措是否得当，进而做出相应的选择。

从比特币、以太坊到 EOS，我们可以看到，虽然如今的底层公链与真正的大规模商业应用还有很大差距，但眼下系统的飞速发展已经使公链系统变得更高效、更公平也更安全，相信未来我们也可以看到类似于 Windows、OS 系统一样的公链系统。

3.3 私有链

与公有链相反，私有链是中心化、不对外公开的，它指向的是某一区块链的写入权限掌握在某个人或是某一组织手中，与所有人皆可参与的公有链相比，私有链的数据访问与编写等涉及系统内容改变的操作，都是有着严格权限的。

简单来说，它就像一个人或是一个企业的微博账号，这个账号要发送怎样的内容，要向公众传递什么样的信息，都取决于拥有权限的人。同时，管理权限的人还可以通过设置权限来控制哪些人能够看到它，哪些人不能看到它。

在公司私有链上，私有链的读写、参与记账的权限都是由私有组织来制定的，不管是办公审批、财务审计还是政府行业的预算与执行，都被限定给特定的节点/个人。也正因为参与节点是有限并且可控的，因此，私有链能够提供安全、可溯源、不可篡改、自动执行等价值，而这也是传统系统难以同时做到的。

私有链提升了大节点作恶的成本

现阶段，私有链往往是由单一一家公司搭建的区块链，链上所有的参与者都在公司内部，而被记录在链上的信息，也都是有关公司自己事务的，所以，私有链虽然隶属于区块链，但它并不是完全去中心化的。

想了解公司搭建私有链的必要性，就必须要先了解传统的企业信息服务是如何展开的。

通常情况下，企业会通过角色的权限控制来降低恶意修改数据的风险，同时通过安全日志来监控每个角色的系统行。

具体来说，企业内部的小职员是没有权限去修改或者删除业务记录的；某一业务部门的主管虽然有权限去修改数据，但每一次的修改动作都会被系统安全日志记录下来。

这样一来，企业在进行信息安全审计时，完全能够发现某一位主管违反流程的可疑操作。

乍看之下，这样的体系很安全，但该体系中最大的两个问题就在于：如果安全日志被修改了呢？如果是类似于 CEO 一类拥有修改权限的大人物出现了违规操作呢？

私有链正是为了防范这两个问题而出现的。公司可以在原系统基础上再部署一条私有链，将所有信息都记录在一个个的区块中。

这一过程，就好比你在上班时间摸鱼，却不小心点开了上司的 QQ 空间，虽然你立即退出，但他的空间里还是留下了一条“××踩过”的足迹。

上司非常讨厌下属在工作时间偷懒，万一谁被抓包，面临的很可能是“单独谈话”外加“经济处罚”。为了避免被他发现，你立即想到，请自己在QQ空间担任技术支持的朋友来帮忙，将这条足迹清理掉。

按传统的数据库处理方式，“踩过”留下的记录，只要你的朋友拥有“删除权限”，便可大功告成。可不巧的是，公司刚部署了一条私有链来记录数据，每个人“踩过”的“脚印”都被记录在了环环相扣的区块中，任何人想要删除其中一个“脚印”，就要将这个“脚印”所在的区块及之后的所有区块都修改掉，同时还要一并修改保存在其他人那里的区块账本——这显然是天方夜谭。

还有一种方法，就是索性在系统更新时偷偷关掉记录足迹的功能，但这样做很可能会被公司扫地出门。你的朋友既不想丢掉工作，也不想丢掉面子，他只能冒险选择在新的区块中追加一条有关你“没有踩过”的信息。

于是，更尴尬的情境出现了：你发现，在上司的QQ空间里，不仅有“××踩过”的记录，还有一条“××没有踩过”的记录。

这恰恰是私有链的存在意义：它提高了大节点作恶的成本，让个人更改系统的可能性几乎为零。

私有链的其他四大优势

除了我们刚刚所提及的，立足于区块链技术的私有链和传统系统与公有链系统一样，皆可体现出图3-4中的优势。

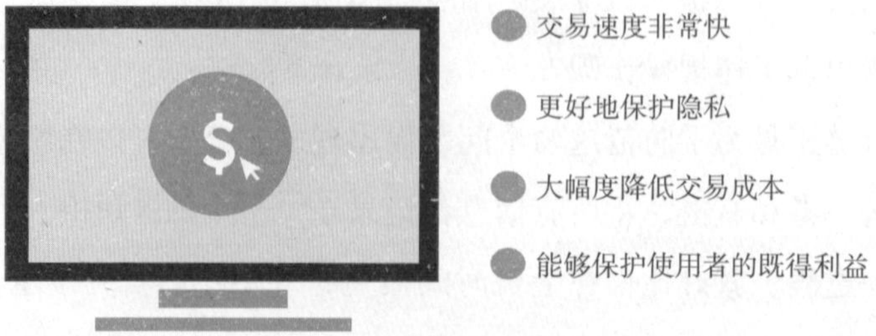

图3-4 私有链的优势

◆ **交易速度非常快**

由于私有链参与的节点少，但这些节点都具备极高的信任度，组织可以清晰地知道，是谁在什么时间进入了系统、采取了什么操作，所以，并不需要每一个节点都来验证每一个交易，即不需要节点去反复参与挖矿过程，这加快了其运作速度。可以说，现有私有链的交易速度皆远超过现有公有链，它甚至接近了一个常规化的数据库的速度。

◆ **更好地保护隐私**

私有链上，节点不需要处理访问权限等各种烦琐进程，再加上非开源性质，这使得参与者的个人数据不会被网络上的任何人获得，从而降低了恶意攻击发生的概率。

◆ **大幅度降低交易成本**

在私有链上，个人或组织可以进行完全免费或者说非常廉价的交易：在一个实体机构控制与处理所有交易的情况下，他们不需要再为自己的工作收取费用；就算处理交易者是由像竞争性银行一类多个实体机构完成的，因为每一个实体都能够高速处理完交易，且不需要节点之间的完全协议，所以，其费用依然非常低。

◆ **能够保护使用者的既得利益**

这也是为什么在现阶段技术不完善的情况下，大部分银行、证券等金融机构乐于接受私有链的关键原因。公有链的目的就是保护像比特币这样的去中心化、非国家性质的货币，这便触动甚至是威胁到了银行、证券这样的中心化组织的核心利益，因而此类实体机构会不惜一切代价去避免损失，而这些代价中就包括暂时不将公有链纳入技术革新的范畴。

而私有链完美地解决了“保存得益”与“参与技术革新”之间的矛盾。私有链本身就是区块链这一大型技术革命中的一部分，它能够帮助区块链保存既得利益，又不至于在新技术、新潮流中落伍。

更重要的是，不容易被恶意攻击、可以进行有效身份认证这两点是金融行业的硬性要求。相比于中心化的数据库，私有链能够防止机构里有人故意隐瞒或者篡改数据，就算发生了错误，也可以迅速发现来源。因此，在私有链与公有链两者之间，许多大型金融机构更倾向于使用私有链。

眼下，各大主流金融机构纷纷参与私有链的研究，以期将之运用于了解客户、反洗钱等方面。不过，正如表3-3中展示的一样，这些案例皆在实验探索阶段。

表3-3 部分私有链开发项目

项目	时间	开发机构	参与者	作用
R3区块链联盟	2015年	美国R3CEV	富国银行、美国银行、纽约梅隆银行、花旗银行等	致力于为银行提供探索区块链技术的渠道以及建立区块链概念性产品
数字银行ConsenSys计划	2016年	英国ConsenSys	德勤（委托方）	帮助德勤为金融产品创建一系列的原型，这些产品能够出售给银行
区块链+Microsoft Visual Studio	2016年	英国ConsenSys	美国微软公司（委托方）	去除Visual Studio中心化特征，使其更方便编程人员使用
Lloyd区块链保险解决方案	2016年	英国SafeShare	英国保险巨头劳合社（Lloyd）、参保人	提供实时、便捷的保险解决方案，降低保险公司运营成本
Crypto Facilities平台	2017年	英国Crypto Facilities	Crypto Facilities（主导方）、期望参与期货交易的各方	拥有更高透明度、流动性和清算速度的期货平台

3.4 联盟链

区块链的火热，使各个主流机构纷纷成立相关部门，研究各种场景下使用区块链新技术的可能性。不过，公有链定义范围太大，私有链则只能在组织内部展开，机构与机构之间的区块链合作，要如何展开？

这便是我们现在要说的联盟链了：2016 年 9 月，R3CEV，一家总部位于纽约的区块链创业公司，成立了一个名为“R3”的区块链联盟，致力于为银行提供探索区块链技术的渠道以及建立区块链概念性产品。

2016 年 4 月开始，R3 开始与微软合作展开实验区块链的应用研究。除了以太坊以外，R3 还使用了微软的 Azure 技术。

这是一个灵活的企业级公有云平台，提供了数据库、云服务、云存储、人工智能互联网、CDN 等高效、稳定、可扩展的云端服务，两项技术结合，使 11 家银行得以将数据连接至分布式账本中。

如今，包括富国银行、美国银行、纽约梅隆银行、花旗银行、德国商业银行等银行巨头在内的 42 家国际银行机构已加入该联盟。不过，从 R3 关闭“银行接口”这一举动来说，其目的远非促进银行间在区块链技术的探索上展开合作。未来，R3 将打破目前大部分成员为银行组织的局限，寻求与非银行类金融机构或团队合作。

从 R3 的例子中我们可以看出，与私有链相比，联盟链的参与者并非单一的某家公司，由于不同主体参与其中，因此形成了相互之间的利益制衡。但想要更详细地了解联盟链间的这种利益制衡，我们必须要知道，联盟链的“联盟”并非我们所熟悉的那种“联盟”。

此“联盟”非彼“联盟”

说起“联盟”二字，你的脑海中很可能会浮现出《三国演义》中孙刘联盟在赤壁之战里大败曹操、造就三国鼎立之势。而在《现代汉语词典》（第 7 版）中，联盟有两个指向：①两个或两个以上的国家为了共同行动而订立盟约所结成的集团；②个人、集体或阶级的联合体。

不过，这些解释皆不符合“联盟链”：商业模式下，联盟是优质企业为了降低成本、提升经营效益，寻找不同行业中的其他优质企业，结成合作组织，在公平竞争、合理经营的前提下，发挥各自优势，实现资源共享。

这种联盟想要成立，必须要有两个大前提：资源必须共享，且资源必须要互补。

简单来说，卖包子的早餐店，只有找到卖豆浆或者粥的商户联盟，共同租一间商铺，才能实现场地与客户资源上的互补：客户吃了包子以后，再点杯豆浆或粥解渴；而来买豆浆/粥的客户，很可能会买个包子充饥。

相比之下，两家同样的包子店或者粥铺，则不可能实现这种模式的联盟，更多的是竞争或者合并。在现实中，腾讯参股京东就是一种联盟，为的是对抗共同的竞争对手阿里巴巴。

联盟链介于私有链与公有链之间

从本质上来说，联盟链依然是一种私有链，只不过它比单一小组织开发的私有链更大，但又没有公有链那么大的规模。从这一意义上来说，它是一种介于私有链与公有链之间的区块链。

这就好比因为一定的利益关系，全球范围内的国家展开联合一样："联合国"属于大型公有链，"国家政府"属于私有链，而"欧洲联盟""亚太经合组织"一类国家与国家之间的联合则是联盟链。

联盟链在共识过程中会受到预选节点的控制。不妨想象一下：一个由15个国家组成的共同体，每一个国家都独立运行着一个节点，而且，为了使每一个区块生效，需要获得其中10个国家的确认（2/3的确认）。

综合来说，联盟链主要有以下几个特点。

◆ 部分去中心化造就高效

在某种程度上，联盟链只属于联盟内部成员所有，允许进入的节点数非常有限，这使达成共识很容易，交易速度自然快很多。

◆ 可控性强

公有链一旦形成了区块链，将不可篡改，这主要源于公有链节点数一般都是海量的原生特点。比如，比特币的节点太多，想篡改区块数据几乎不可能；但联盟链则不同，只要大部分机构达成共识，便可以更改区块数据。

◆ **数据不设置成默认公开**

联盟链的公开性与其他区块链有所不同，它可以允许每一个人都读取，也可以只受限于参与者，或者两者混合。一般情况下，其数据会默认设置为只限联盟内部成员读取。

联盟链中的利益制衡

与单一组织筹建的私有链相比，联盟链的参与者超过了单一一家公司，由于不同主体参与其中，所以形成了相互间的利益制衡。联盟链只面向特定的组织团体或者单独的个人/实体开放，内部指定了多个事先选好的节点为记账人，每个区块的生成都由所有预选的节点共同决定。

与私有链相似的是，联盟链同样允许授权的节点加入网络，也可以根据权限查看相关信息。

你可以设想这样一个场景：你经常在一家连锁包子店买包子，并因此累积了不少积分；旁边有一家连锁粥铺灵光一现，是否可以将两家的积分互通使用？这样一来，在包子店消费满一定额度后，去粥铺买粥也能打折。

听起来这是能促进粥铺与包子店消费的好生意，可问题并没有这么简单：粥铺老板与包子铺老板之间相互不信任，如果不久以后，粥铺客流量下降，包子店人气却越来越高，那么，眼红的粥铺老板是否会大量伪造或者修改数据库里的交易记录，使更多人符合一定的积分等级条件，造成大量积分未达到标准的客户也能在包子店享受折扣？

虽然粥铺一样需要给这些高积分等级的消费者打折，但因为客流量小，所以损失也小，但上述做法却会给客流量巨大的包子店造成更多经济损失。

那么，如何解决基础的信任问题呢？此时，联盟链就成了最好的选择。两家店可以共同搭建一条“积分链”，每一个包子、每一杯粥的交易记录都会被写入区块，保存在链上，只有两个商家才拥有写信息的权限，而消费者也可以读取部分信息。

作为消费者，你可以先下载一个手机客户端，每一次用手机客户端买包子，你的交易信息都会被传到联盟链上，由商家写入区块，这样每一个积分产生的过程都可以确保是可信的。根据粥铺与包子店事先在链上规定好的互换规则，你可以兑换到相应的积分。

联盟链的参与者可多可少，规则也由参与者共同商议后决定，成员的增减也由联盟成员决定，而其主要目的是为了在参与者之间搭建起一座共识与信任的桥梁。不过，就像包子店应选粥铺合作一样，企业间想要搭建一条好的联盟链，关键在于选择业务上的“联盟”对象。

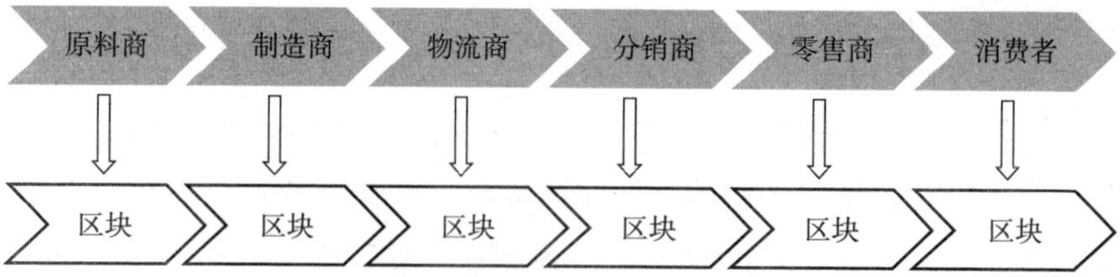

图 3-5　供应链系统中的联盟链组成

如图 3-5 所示，在现实中，运用联盟链场景较多的是供应链系统：由企业选出每一个环节的服务方并共同组成联盟，同时利用区块链的分布式账本，以及不可修改等特点，使物品信息在每一个环节都被记录下来，从而实现不同服务方之间的信息共享，以更好地展开流程协作。

4

区块链的四项核心技术

由于区块链技术较好地解决了“拜占庭将军问题”，我们可以想象这样一个场景：1 000台计算机分布在世界各地，其拥有者之间相互不联系，但通过区块链的分布式账本，他们将有机会达成一致。不过，他们在达成一致的过程中，使用的是哪些技术呢？这便是我们在本章要重点探讨的内容。

4.1 去中心化的分布式账本

现代商业的正常运转离不开会计学。会计学被称为金融学的语言，除了专业人士外，普通人很难弄懂。想象一下，当你购买了一家公司的股票，并在年底查看其运营情况时，你是否会对那些计算折旧、估算库存、分配成本一类的记账方法感到头大？可对这些信息，不了解又没有办法，运营数据是公司赢利情况的关键判断指标。

所有的公司都声称，他们的管理人员是诚信而没有问题的，但是，贪污腐败以及虚假报告经常会出现。

比如，2015 年 11 月，东芝公司便发布了财务造假的声明。声明中称，子公司下属自 2003 年起开始伪造订货单和验收单等票据，虚报超过实际合同金额的销售收入。

若声明发布之时东芝公司上下便停止造假，可能该公司的财务状况会有所好转。遗憾的是，到 2016 年 9 月底，造假行为一直在继续，且累计虚报销售收入已高达 5.2 亿日元（约合人民币 3 320 万元）。

到 2016 年 11 月，该组织爆发了时间跨度长达 7 年、造假金额达 19 亿美元的重大财务造假丑闻。这家以管理严谨、规范而闻名的日本百年企业颜面扫地，一同从神坛上掉落的，还有它向股东们承诺的高收益。失去信心的股东不断抛售股票，导致 2017 年不断有东芝面临退市的消息。

公司财务就算出现问题，股东们也毫不知情。伴随着区块链技术的发展与其分布式特点，人们开始想象：自治式的、分布式的系统能不能解决这一问题？

区块链本身自带的时间戳作用，使账本上发生的每一个变化都会被记录和发现，每一笔钱的去向都有迹可循，每一个节点都能够显示并维护总账。另一好处是，由于有其他人监督，你是无法篡改账本的，除非你控制了超过51%的节点，但这一情况根本不可能发生，而这恰恰解决了传统管理方式中的“中心化”问题。

“中心化”考验的是“中心”的实力

区块链的“去中心化”是其核心技术，比如，我们说起区块链时，会说它是“去中心化”的分布式账本。

想理解什么是“去中心化”，先要理解什么是中心化。

“中心化”最典型的代表，即传统封建王朝时代的“皇帝”，皇帝本人就是这个国家的中心，一个国家所有的重大决策都由皇帝或者皇帝授权的组织来决策，而这一组织也是为了王权利益最大化而运营的。在中心化的组织中，国家的一切都围绕着“皇帝”来运营。

现代管理的中心化代表，即个人的一项经济活动往往围绕着一个公司来展开，比如，当你在淘宝网购时，会产生图4-1中的流程。

通过观察上述正常的购物流程，我们会发现，在整个交易过程中，淘宝的“支付宝”担任着担保和中间人等角色。一个交易是成还是败，完全由支付宝决定——此时，支付宝就是整个交易的中心，一旦出现问题，买家与卖家都可以向支付宝申诉，由支付宝决定。

“中心化”最考验的，就是“中心”的实力。帝王决定了国运，公司高层决定了所有股东能不能赚钱，而支付宝则决定了你是不是能享受到愉悦和安全的网购。一旦这些中心出现了问题，那么，整个关系就会崩塌。

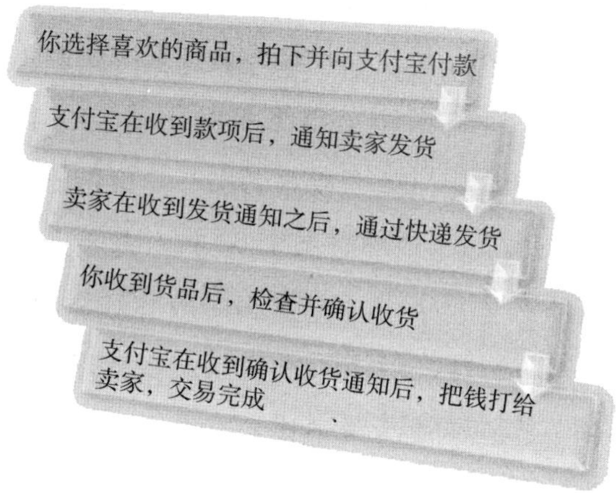

图 4－1　一般化的购物流程

"去中心化"让交易处于公众监督下

一个"去中心化"的交易是如何产生的？在买卖双方都不认识对方的前提下，如何去获知买方与卖方的靠谱程度？

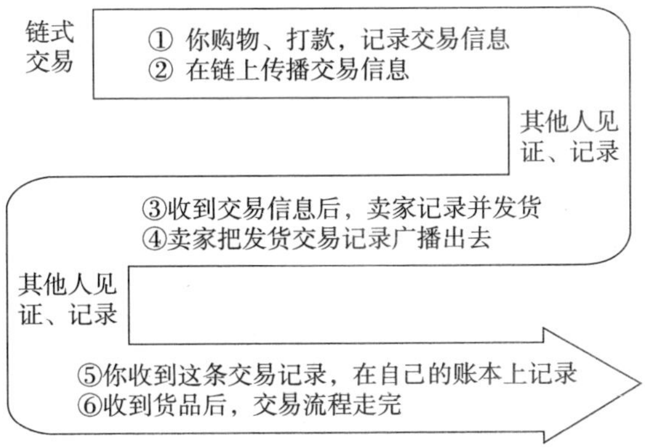

图 4－2　去中心化的链式交易

在这一"去中心化"的网购流程里，用户的网购行为都是透明的，不需要支付宝，也不需要有信任关系。当分布式结构中的每一个人都在记账时，篡改账本根本就不可能实现。

比如，你在购买的过程中打款给对方，却没有收到货，卖家却不愿意承认，此时，“其他人”便可以依据自己的账本明确地证实，在某年某月某日，你购买了卖家的东西，打款××元，而且，没有查到卖家的发货记录。

为什么去中心化更公正

从技术上说，区块链的意义在于所有当前参与的节点共同出力，去维护交易与数据库。哪怕你只是购买了一本价值1块钱的便签，但是因为你、卖家、所有其他参与区块链的人都看到并记录了这一行为，因此，这1块钱的走向也是可以查询、追溯的。

这正是区块链能够实现更公正交易的基础：每一个节点都担负着均等的权利与义务，每一个人都有一份完整的区块链记录，并通过技术手段将其备份了下来，而且每一个人在网络上的活动都会受到全网的监督。同时，这些节点也各有其能力去表达自己的意见，这就好比针对一件事情，有些人会通过微博发声，有些人会通过朋友圈发声，有些人则会以视频形式在秒拍、抖音等平台上发声一样。互联网用户本身的大基数就是另一个公正的保证：最终让事实重现的根据是超过了半数记录者的记录。

这就是区块链依据分布式账本的去中心化建立起来的优势：买家、卖家、第三方的旁观者，在设定好了一定的算法、规则基础上，谁都不能轻易篡改正确的信息，一旦整个网络上有信息变动，那么，整个区块链的每一个节点都会感知到这一行为。

4.2 非对称加密技术

区块链之所以能够实现不可篡改的信息记录方式，关键在于非对称性数字加密技术；一旦加密方法遭遇破解，区块链的数据安全与不可篡改性将不复存在。

简单来说，加密就是一个造谜语的过程。

2016 年 4 月，网易第一季度财报以碾压的姿态成为业界佼佼者，这让网易当家人丁磊心情异常愉快，除了在杭州办公室听听云音乐、看看报表以外，他还随手撰写了一小段密码信发布给网易全体程序员，想要考考大家。

不过，一名网易云信的程序员在极短时间内便破解了这段密码，作为奖励，丁磊开心地赠送了他限量版的游戏手办。

在这一上司出谜、下级解谜的过程中，起重要媒介作用的“密码信”，使用的便是数字加密技术：通过一定的算法手段，对原始信息进行转换，信息接收者即“解谜者”，通过密钥对密文进行解密，从而解出谜底、得到原文。

加密与密钥

加密其实是一种信息保护手段，第二次世界大战时，从中途岛海战到诺曼底登陆，正邪双方都为了破译对方密电绞尽脑汁，以至于丘吉尔用“下了金蛋却从不叫唤的鹅”来评价密码员的重要性。

战争大片《风语者》中，讲述了几个印第安纳瓦霍族人因其语言通晓者的稀少性而被选为密码战士的故事。在整个“二战”后期，由于“风语者”们所使用的纳瓦霍语无法被轴心国破解，直接决定了“正义方获胜”的结局。纳瓦霍语，便是一种典型的加密，它将明文变成了密文，从而防止了信息在不安全传输的环境中被人截取与篡改。

我们所说的加密算法，就是加密所采用的具体方法。比如，有人发送了一条明文为“Hello world”的信息，但发送人将每个字母都按照字母表的排序向后移动了 6 位，使明文变成了“Nkrru cuxrj”的密文。收到这条信息时，你可能不知所云。

在图 4-3 中，“按字母表向后移动”就是一种加密算法，但光知道算法并不能帮助还原明文，你还必须要知道具体移动了几位。

图 4-3　加密与密钥

这就好比你知道一把锁的生产厂家，但手中没有钥匙，依然无法打开这把锁一样。这里，数字“6”就是能开锁的那把钥匙，即“密钥”。

因为数字货币的交易暴露在不安全的网络环境中，因此，加密起着非常重要的保护信息的作用。

根据“发送方”（造谜者）与“接收方”（解谜者）的密钥是否一样，我们可以把加密算法分为两类。

对称加密技术

了解对称加密，是了解非对称加密的关键。对称加密往往被技术高手们视为“初级”技术，因为它的加密与解密使用的是同一个密钥。

想使用对称加密，需要发送方与接收方协定一个密钥 A，A 可以是事前约定好的规则，但必须保证加密密钥和解密密钥能互相推算出来。在最简单、最常用的对称加密技术里，加密与解密使用的是同一个密钥。

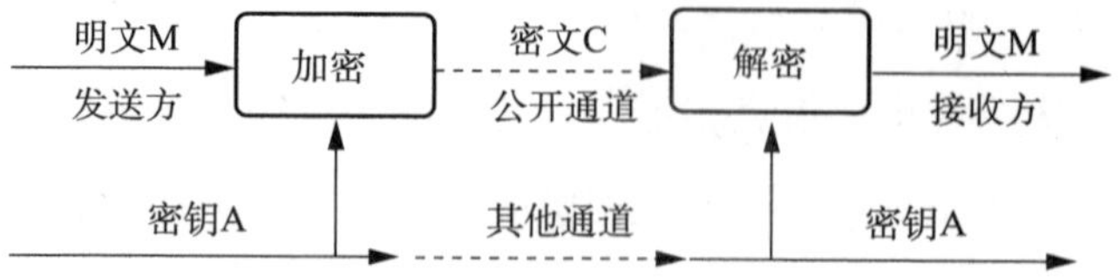

图 4-4　明文 M 的对称加密过程

在图 4-4 中，我们为了简单起见，使用的便是同一个密钥 A。

密钥 A 为了防止被第三方获取，可以通过一个秘密通道，由发送方传送给接收方。这个秘密通道任君选择，如果你感觉手写一封邮件告诉对方密钥最安全，你完全可以这样做。

明文通过对称加密技术，变成了密文。这时候，即便有第三方截获了信息，因为他不知道用什么样的密钥解密信息，这段文字对他毫无意义。不过，一旦密钥泄露，信息便会被解读。

假设那对著名的爱侣罗密欧与朱丽叶，因为彼此家族不同意两人交往，决定使用对称加密技术通信。罗密欧先是让自己的侍女给朱丽叶送了一封信，约定了两人写“密信”的方法：将约会的时间与地点嵌在每一段结尾的最后一个词汇的第二个字母里，这位侍女送出的第一封信中的规则，就是“密钥”。

如果朱丽叶收到了这封信，并使用这一密钥解密，那么，两人便能成功约会。遗憾的是，侍女将信交给了罗密欧的父亲，对方知道了规则，两人间的密钥泄露了，那么信息加密与接下来的约定行动就只能宣告失败了。

这也正是对称加密技术的最大缺陷。只有做到安全地传输与保存密钥，才能实现对信息的成功加密。

图 4-5　加密密钥“能推算出”解密密钥

非对称加密技术

知道了对称加密的核心是“密钥”后，我们可以来看一下非对称加密，见图 4-6。

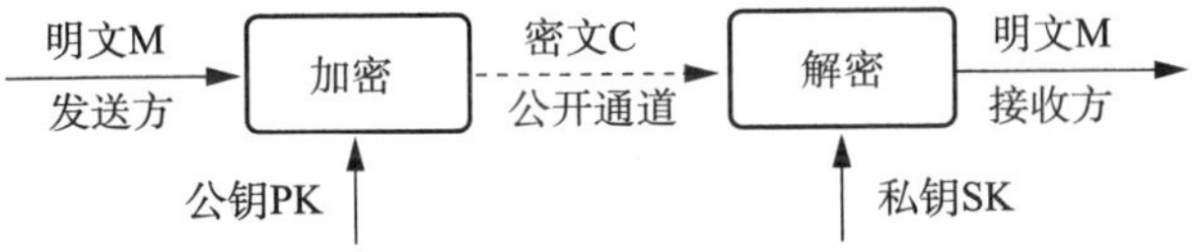

图 4-6　明文 M 的非对称加密过程

在非对称算法里，你需要有一个成对出现的“密钥对”，分别称为“公钥”（PK）与“私钥”（SK）。

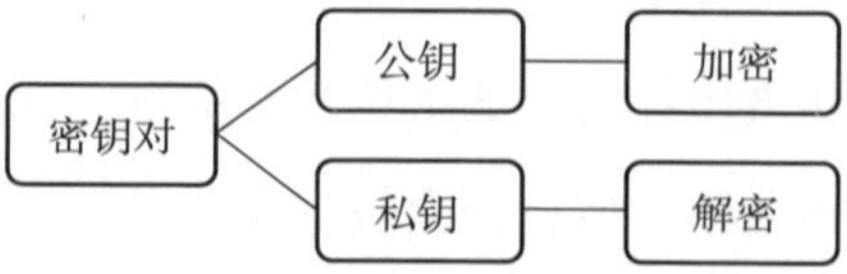

图 4–7　密钥对

在对称算法里，加密密钥可以推算出解密密钥；但在非对称算法中，公钥是无法推算出私钥的，所以，公钥是完全可以公开的。

如图 4–6 所示，发送者使用接收方公开的公钥 PK 进行加密，接收方在收到密文以后，再使用与公钥对应的私钥 SK 进行解密。在这一过程中，密文也是可以被截获的，但是，因为截获的人只有公钥，没有私钥，所以他根本不知道密文讲的是什么。

这也是区块链技术的保密性更强的关键原因。在非对称加密技术下，加密是一码事，解密是另一码事。

比如，A 与 B 约定了一次行动，但是因为家人反对，他们的很多行动都是用暗语（加密）沟通的。

公钥的意思就是，A 在给 B 发信息时，使用的是“微信”这一公开但保密的 APP。这种情况下，存在手机丢失导致信息被人看到的情况，因此，公钥是可能被破解的。

私钥则是，A 发送的信息，只有 B 能看得懂，哪怕微信内容被 B 的朋友或家人截图发到群里，大家也看不懂。

在这一过程中，公钥（微信）起的作用是：①必须是 A 的微信号发送给我，B 才会看；②其他任何 A 的朋友、A 的家人等以各种理由发来的信息，B 皆不看。

私钥所起的作用则是：即使微信被第三方看到或者手机被家长、室友检查，其中的“求和”“葫芦娃”“筷子兄弟”“巴黎”等，都只有 B

能看得懂。

这就是区块链的保密技术：你需要符合公钥加密（微信发送信息，其实已经是一个非常隐私化的安全环境），同时还要符合私钥解密（即只有 B 看得懂。）

很显然，非对称加密的突出优点就在于，解密的密钥（即私钥）永远不需要传递给对方，这保证了它能够在数据安全、不可篡改的情况下实现保密传输。

4.3 共识机制

如果说非对称加密是区块链实现不可篡改的技术基础，那么，共识机制就是区块链达成共识的灵魂。在去中心化的 P2P 系统里，能按照提前设定好的某种机制，互不信任的节点最终达到数据的一致性，这一过程被称为“共识”，而“共识机制”正是为了达成这种共识要采用的具体方法。

什么是共识机制

我们反复强调过，区块链是一个写满了各式交易信息的超级大账本，而这个账本并没有保存在某一权威者手中，或者由哪一个特定的管理人员来决定加入哪些信息，而是由区块链网络里千万个参与者共同监管与保存。

这种方式的确可以规避中心化系统容易产生的寻租腐败，可是，它同时也带来了新的问题：①分布在世界各地、彼此陌生的参与者中，到底由谁来添加账本？②判断应该由他来添加账本的理由是什么？③在这样一个缺乏信任的环境里，要如何确保添加内容的正确性？④怎样才能保证每人手中的账本都是一致的？

要解决这些疑问，一套可靠且行之有效的规则是必不可少的，每一个参与者都能够根据规则达成决策，这套规则就是共识机制。

如图 4-8 所示，共识机制的目标就是实现节点间的“一致性”与数据记录的“有效性”。在评价一个共识机制能否做到这两点时，我们可以依据图 4-9 中的四个标准。

图 4-8 共识机制的目标

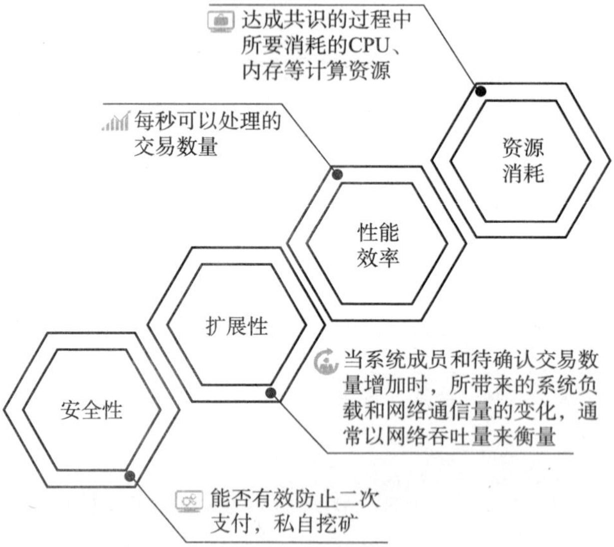

图 4-9 评价共识机制依据的四个标准

常用的四种共识机制

常见的共识机制有工作量证明机制（Proof of Work，POW）、权益证明机制（Proof of Stake，POS）、委任权益证明机制（Delegated Proof of Stake，DPOS）和拜占庭容错算法机制（delgated BFT，dBFT）。

◆ **工作量证明机制**

工作量证明机制与权益证明机制其实都设置了挖矿游戏：谁先破解系统设置的数学难题，谁便有权将新区块添加至区块链上。两者的区别在于，判定与影响谁有可能破解难题的关键因素截然不同。

例如，比特币的挖矿机制，各个节点（即参与挖矿的矿工）基于自己的计算机算力来相互竞争，共同解决一个求解复杂但验证容易的SHA256 数学难题（即挖矿），最快解决这一难题的节点将获得区块记账权，并会获得系统自动生成的比特币奖励。

简单来看，这就像课堂上老师出了一道难题，大家争相解答一样：最先算出正确答案的孩子将获得记录课堂发生的事情的权利，同时还会获得老师奖励的小红花。

不过，大家也可能会问这样一个问题：为什么我们要相信工作量多的人？这源于工作量机制的特性——“伪随机性”：它保证了某一节点优先完成工作量证明的概率，仅仅取决于它所占有的计算资源（如CPU、内存等）占据全球所有节点计算资源总和的比例，这保证了相对的公平性。通俗来说，这就是大概率上的“拼人数”。

当然，这种算法也会导致效率过慢、资源太大的问题，而且一旦太多的强算力节点联合，有可能导致安全问题。而眼下全球范围内的计算资源有中心化的趋向，这便与区块链去中心化的初衷相背离了。

◆ **权益证明机制**

POS 又有“股权证明”之称，它同样是一种基于挖矿游戏的算法，只不过它是通过节点（矿工）拥有加密数字货币的数量和时间来降低寻找随机数的速度，而影响比赛结果的关键因素是持有币的持有量与持有时长。

其运作过程比工作量证明简单许多：在一定情况下，连续 10 个月得到 10 朵小红花的好学生会比连续 10 个月得到 8 朵小红花或者只有近两个月得到 10 朵小红花的好学生，更先拥有记录事件的权利。只不过，在记录事件时，不会再有“小红花”的奖励。

◆ **委任权益证明机制**

这种共识机制非常像现代民主制度：通过参与者的投票，选出有权添加新区块的代表团。

如比特股的 DPOS 机制：比特股网络拥有着严格的投票机制，每一位比特股的持有人都能通过投票，选举出一位拥有 101 位见证人的理事来创建区块。每一位委派见证人的权力范畴，可在图 4－10 中看到。

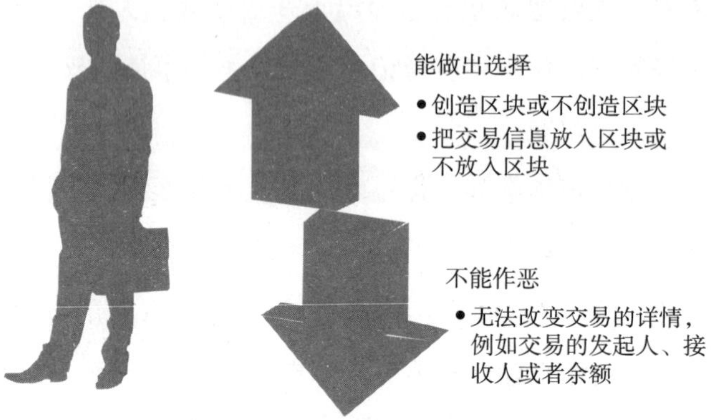

图 4－10 DPOS 机制下，委派见证人的“能”与“不能”

值得注意的是，权益证明机制和委任权益证明机制都会产生一个问题：选出的代表节点会操控一切，这也意味着，这些节点有可能造成安全问题。

◆ **拜占庭容错算法机制**

比如国内的小蚁 NEO 项目，采用的就是 dBFT 机制。该算法基于持有权益的比例来选出专门的记账人，然后，记账人之间通过拜占庭容错算法（即少数服从多数的投票机制）来达成共识。

不过，这一共识并不是固定的，而是动态化的，每一次行动都会有不同的参与节点，产生不同的记账人。这就使 dBFT 能够容忍任何类型的错误，只要有超过 2/3 的节点是正常的，整个系统就能正常运作。

不过，该协议的效率取决于节点的数量，一旦节点数量过大，便会效率极差；而且，其对主节点有明显依赖性，这导致其安全性也有所降低。

虽然四大共识机制的运作原理不同，但其目的都是维护区块链网络，而手段则皆是通过有效激励。当维护区块链的网络安全能够比攻击它获得更大回报时，每一个参与者都将更有动力为网络安全做出自己的贡献，而这正是最理想化的共识机制。

4.4 智能合约

之前我们介绍过，智能合约是以太坊的最大特色之一，其实，由于智能合约技术的先进，比特币也在通过技术升级引入侧链支持智能合约。可以预见的是，未来智能合约将会在区块链技术里扮演越来越重要的角色。

我们可以从下面这个依据区块链技术展开的跨国贸易中，看出智能合约的价值。

非洲肯尼亚有很多鲜花产地，这些鲜花会通过巨型游轮运往荷兰。在此过程中，会牵涉很多参与方：

鲜花种植时，花农与出口商需要向银行贷款，通过融资来支撑这一业务；

为了检验鲜花是否达到了出口的品质，检疫部门与当地海关会展开检验；

上述行动展开的同时，鲜花还需要通过第三方物流、陆上货运公司才能抵达海港；

载重万吨的巨轮满载装满鲜花的集装箱，从肯尼亚的港口出发，经过十几天的海上航行，最终抵达荷兰港口；

上岸后，之前所进行的各类贷款、检疫、运输行动还要再发生一次，只是发生方都是荷兰的相关方。

在传统解决方案中，上述所有参与者基本上都有自己的业务系统，其相关数据与信息都作为商业机密放在自己的数据库中。而这样往往会导致诸多问题：整个流程过长、环节太多、透明性太差；有些环节并未数字化，甚至需要人工操作，导致整个环节效率下降；数据放在不同参与者的数据库中，各方很容易因为数据不一而导致争议；数据本身不安全，很可能发生被篡改事件，导致多方不信任局面出现。

引入区块链技术后，生产商、银行、销售商、港口等多个参与者共同结成利益体，大家一起维护、更新和共享同一个数据库账本。所有参与者都拥有自己的独立账本，而这一账本中与其他方相关的数据与文档都会被写入共享账本中。

比如，当检验部门处理完成后，便可通过区块链同步状态，让其他参与方看到更新后的状态，然后海关可以通过智能合约提前设定好内容，进行关税处理；海关通过后，交易自动完成，接下来，海运、接货方等参与者会进行一系列类似的处理流程。

由于智能合约的存在，资金流与信息流都是按照提前设定好的规则自动完成的，这使资金流与信息流不同步、伪造、交易成本高等问题得以避免或降低。可以说，基于智能合约展开的此类商业活动，从本质上对现有商业模式进行了一次伟大的变革。

智能合约就是有触发规则的多米诺骨牌

或许你认为商业世界离你太远，但想象一下这样的场景，你或许就更能理解智能合约的连锁效应了：

你和朋友打赌，你赌明天是晴天，你的朋友赌明天是雨天，赌注是

1 000 元人民币。

假设明天是雨天，你跑去找朋友要那 1 000 元的赌金，可你的朋友装疯卖傻，就是不承认你们之间曾经有过这么一个赌约，还教育你说“赌博是万恶之源”，一副“你看不惯我，又干不掉我”的得意样，把你气得半死。

但若你们在打赌时便拟定一个合约，存放在某个能够强制履约的平台上，等第二天结果一出来，赌金就会自动打到你的账户上。这样是不是很完美?

这便是我们所说的“智能合约”。它是数字化的合约，表面上看，它只是一段写在区块链上的代码，不需要人去执行；一旦某一事件触发了合约中的条款，代码即会自动执行，也就是说，它就像带有强制开启标志的多米诺骨牌一样，不管双方的意愿，只要满足了写入时规定的条件，一旦触发上一个事件，下一个事件便会被自动执行。

为什么智能合约有积极作用

智能合约的积极作用是由其去中心化的特点所决定的。中心化中单独节点不可信，或者构建可信的单一节点成本太高的时候，必然会使去中心化的区块链系统成为首选。

在生活智能化的现代，每个月自动从银行账号中扣除水电费就是典型的智能合约，它的实现是显著中心化的：你要么信任这些基础设施的提供商，将银行账号、手机号、身份证号等信息提供给他们，同意他们自动扣款；要么让银行每个月收集你的水电费信息以后再付款。想享受科技变革带来的便捷，你要么相信银行，要么相信电力公司或者支付宝、微信等公司。

不过，这些公司提供的大多数是国家严格监管下展开的基础性服务，所以，它们可以直接使用中心化的智能合约，且没有显著优势。

但另一些情况下，中心化单一节点执行合约会非常困难（比如跨国交易），尤其在有利益冲突时，比如：

处理首次公开募股一类机密信息的银行，有可能因为获得了某一公司的重要数据，并发现其中有极大盈利空间，而马上注资竞争对手；

你公司本身的核心业务与腾讯云存在竞争，但使用腾讯云所提供的业务，将直接帮助它们毫不费力地拿到你公司的机密信息；

你到阿里巴巴旗下的中国万网查询了一个非常有价值的域名，查询时，域名还未被注册，但正式注册时却发现，它已经被抢占了。

很显然，以上情况在商业巨头的垄断下并不罕见，而使用去中心化的区块链展开公司业务时，明显更能保护商业秘密。节点/矿工的诉求多半是将挖矿回报最大化，通常与区块链网络使用者之间并没有直接的利益冲突，更不太关心链上到底跑的是什么样的合约，这就造就了较为安全的节点环境。

智能合约与区块链的关系

"智能合约"这一术语原本由跨领域法律学者尼克·萨博（Nick Szabo）提出，他认为，"一个智能合约是一套用数字形式定义的承诺，包括合约参与方可以在上面执行这些承诺的协议"。换成更通俗的描述，即在一个计算机系统上，在一定条件被满足的前提下，能够被自动执行的合约。

严格来说，智能合约其实是区块链2.0的产物，它与区块链如影随形：从1994年到2014年区块链2.0以太坊诞生，期间已经过去了20年，智能合约才被广泛提及，其中一个很重要的原因就在于，中心化的传统互联网技术很难满足智能合约的需求。

相比之下，区块链则天然地适用于智能合约。这是因为：数据无法删除、修改，只可新增，这保证了数据历史的可追溯；同时，作恶的成本将很高，因为其作恶行为将被永久记录。去中心化使基于区块链技术的全能合约不仅避免了中心化因素的影响，得以发挥自身在成本效率方面的优势，还可以避免网络恶意行为对合约正常执行的干扰。在区块链上以数字化写入智能合约，并由区块链运用自身的特性保存、读取与执行，整个过程的透明、可跟踪与不可篡改，都使智能合约变得更高效可靠。区块链基于共识算法筹建出来的状态机，使智能合约可以高效运作。

因此，智能合约与区块链相辅相成：智能合约是区块链的核心技术之一，区块链为智能合约的应用提供了完美的先决条件。

智能合约的构建

一般情况下，智能合约都是按照图 4－11 中的步骤建设起来的。

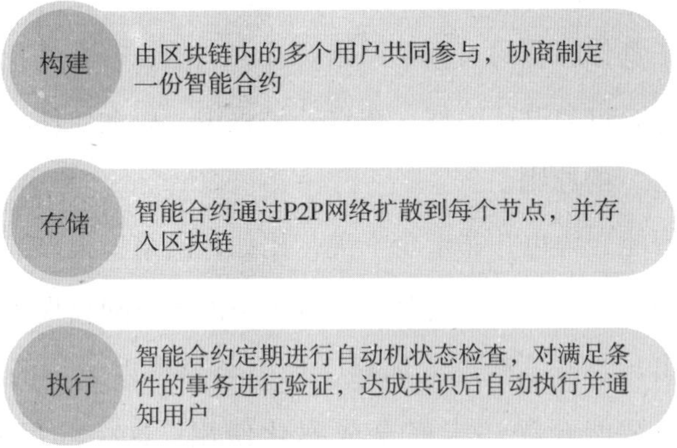

图 4－11　智能合约的构建、存储与执行

那么，智能合约在以太坊上到底是如何实现的呢？

简单来说，想部署智能合约的人必须要会写代码，否则便无法将真实需求写入区块链中；而且，合约的代码要在保证安全的可用情况下，追求最简单、最小化，因为虽然以太坊支持极其复杂的逻辑，但逻辑越复杂的代码需要消耗的以太币就越多。

这就像你去订制一套家具一样，从理论上说，你可以随意提要求，但你个性化的需求越多，订制的价格也就越高。

以太坊给常用的代码逻辑都设定了具体的价格：每一步加法要花多少以太币，每一步除法要花多少以太币，都是有数目的。与订制家具一样，你订制某种红木材质有一套价格，订制欧式风格的又会有一套价格，这样，不管是家具还是智能合约，其实都能够提前估算出价格。

如果最终估价太高，你自然会主动削减那些非必要的需求。这就像调整公路收费一样，将那些原本能够乘坐火车、飞机出行的乘客都赶出自驾的行列，那些必须要自驾的出行者就能享受到更好的高速公路服务了。

随着矿工挖矿的不断深入，以代码形式部署到以太坊系统中的合约会被自动执行，若你的合约执行至一半，之前预付的以太币不够了，那么，代码便会回到最初状态，而且，已经被矿工们挖走的以太币也不会返还，因为毕竟你的合约占据了网络资源。当然，若合约执行完成，以太币还有剩余，也会返还给你。在这一过程中，以太坊使用了“少不能补、多却可退”的原则。

不过，智能合约也并非十全十美，比如，网络里很多节点的计算机都为智能合约的执行贡献了资源，但以太币的收益却只提供给了矿工一人。这种付出与收益不匹配的问题，迟早会导致以太坊的生态出现问题，只是眼下智能合约还未完全成熟化使用，这一问题不那么突出而已。

5

区块链如何取得人们的普遍信任

有人将区块链技术定义为一个“信任连接器”，因为其本质是使用算法与技术架构解决去中心化的信任问题，从而打造一种新的信任机器。虽然区块链依然无法直接解决信任来源真实性的问题，但在防止传递过程中的信息扭曲与信息篡改方面，区块链已是现有技术中最先进的存在了。

5.1 传统互联网环境下的信任缺失

现代市场经济不仅仅是一种经济运行模式，也是人类文明发展到一定阶段所需要的文明方式，这种文明方式是随着社会信任的发展而不断提升的。市场经济体制下，竞争的目的永远围绕着如何降低交易成本、提升效率展开。而想要参与到这种竞争中去获利，个体与机构就必须要让自己接受社会的要求与道德的约束，这也正是为什么专家们会认为“信用才是现代的核心”。

信任成本过高所带来的最大问题在于，一旦离开了你所依赖的信任中介，你便很可能无法再维系原有的生活。

传统第三方的尴尬：收益过低时，信用成本便会过高

我们依然拿最典型的金融领域来举例：传统金融行业的问题就在于信用成本过高。

如果你喜欢外出旅行，你很容易便会发现，只要出行到人口较少、经济欠发达的地区，金融生态便会与市中心有着天壤之别，一个最典型的场景就是，在市中心常常见到的 ATM 机与银行网点此时踪迹全无。如果你恰好是一个不太爱带现金的人，那么，在这种情况下，可能连吃饭、买水喝都会成为问题。

这就好比人的身体，只靠主动脉的强壮，是无法将血液输送到身体

各处的，一定要有毛细血管，身体各个部分才能均衡地得到营养。如果一个人的毛细血管出现了问题，那身体就会得各种各样的病。

对银行机构而言，在人口稀少、经济消费能力低下的地区分散诸多的业务网点，往往需要耗费大量资金与人力。在回报过低的情况下，银行自然不愿意这样做。

所以，互联网革命开始时，金融领域也是率先接受改革的。最典型的当属支付宝、微信一类快捷收付款平台的出现。现在，就连街头卖早点的临时摊位，都会挂出自己的收款二维码，这也是为什么越来越多的人出行不再爱带现金的最重要原因：有手机便可万事足。

更重要的是，支付宝、微信一类收付款平台是建立在互联网交易的大数据基础上的，它们的存在使信用建立的成本下降了很多，而后来出现的 P2P 项目、众筹项目等，都使信用建立的成本下降成了一种大趋势。

仅靠互联网大数据产生信用也会导致问题

优于银行利息的 P2P 理财、直接撮合买家与卖家的二手物品网站，还有在朋友圈里天天可见的工厂直销，其实都是在利用互联网所产生的大数据更新信用模式。

这种模式的确信用成本低于传统中介时代，可是，它会导致两大问题的出现。

◆ 互联网公司的大数据形成了数据孤岛

其实，不管是国内的阿里巴巴、腾讯，还是国外的谷歌、Facebook，都在强调与提供互联网的公开、透明和共享精神。可口号是一回事，实际行动又是一回事。眼下，它们绝不会将自己所掌握的大数据与他人共享。2011 年，国内快递巨头顺丰与阿里巴巴相互指责对方暂停了开放数据接口，其根本原因就在于，彼此都无意向对方开放客户数据。

在当前形势下，大数据是每一家互联网公司的绝对内部资源，无边界的共享根本不可能实现，这便出现了“大数据集中”的问题，并导致了互联网世界的悖论：它走向了共享、公开与透明的反面，而大数据的集中则引发了“富者愈富”的马太效应——若围绕着互联网巨头形成数据孤岛，大数据资源便会集中到少数人手里，全社会也就无法形成数据环流。

这些宝贵的数据资源如今只能为少数数据的掌控者所利用，而用户作为大数据的生产者，完全没有获得任何信用资源上的主动权，很显然，这种情况对于全球范围内的信用成本降低没有任何帮助。

◆ **在当下，数据所有权是错配的**

你每一次登录 QQ，每用软件发送一次请求，每在淘宝上搜索一次物品，都会产生不同的、与你的工作或生活相关的数据。海量的数据正是这样产生的，它由每一个参与者产生，特别是在像微信、淘宝这样用户繁多的软件上。

可大数据的所有权并不属于你，也不属于与你对话的那个人，身为参与主体，你们并不能管理、控制自己的大数据。这种管控权的缺失在 2016 年年初的“百度卖吧事件”中表现得淋漓尽致。在百度贴吧中，产生的数据、资源的所有权都应该属于用户，这其中包括“吧主”这一职务也是由参与的用户选举产生的。可是，百度却将由此产生的大数据效益进行了公开出售，由此激起的广泛不满，也造成了百度信用度的大幅度下降。

同样，作为日常我们最常用的软件之一，微信上会产生多少数据？这些社交、交易数据本应该完全属于生产者个人。若按着互联网的共享精神，那么，这些大数据产生的其实是一种“全球性的信用资源”。

所以，科技上的创新一定要解决的问题是，大数据既要可以共享，又要能清晰地让人知道，这些数据是归谁所有的。

区块链开启了人类信用历史新篇章

表面上看，“共享”与“归个人所有”有些矛盾，可事实上，这是互联网时代信用资源的本质。

第一代互联网让信息实现了自由传递，信息本身变成了能够复制、多次传递的免费资源，但当信息变成了“资产”时，它便永远不可免费了。

这就好比在现实生活中的房产、公司、物品一样，它们可以在不同的人、机构间传递，但其所有权永远是唯一的，房子是你的就是你的，资产的所有权不可能随便复制，否则，便没有任何信用可言。

也正是因为这种资产属性的唯一性，表面上来看，似乎互联网上无法建立所有权与信用制度。

但区块链的产生，可以彻底解决上述两个问题。区块链的本质就是去中心化，而比特币的创始人中本聪更是认为，任何过度中心化的结果都会产生信息不对称，导致参与者与市场其他方的利益受损。

这种新的观念与技术展示了“信用”的另一种可能性。想象一下，未来每个人的信用都建立在节点记账上，你在网络上的每一种操作都会产生相应的数据，这些数据都将被真实地记录在网络上，而记录者是全网每一台在线的电脑。这实际上是一种理想的信用全面链化：你的信用将由你自己产生的数据决定，而这些个人化的数据也将成为未来信用大厦的基石。

5.2 一种全新的信用层面

公元前266年时，赵国国君孝成王刚刚继承王位，因年幼无法治理国事，所以暂由赵太后执政。国内动荡不安时，秦国发兵东下，一举攻占赵国三座城池，赵国危在旦夕，太后不得不向齐国求援。

齐国虽答应出兵，但按当时惯例提出了一个条件，即赵国必须派太后的幼子长安君到齐国做人质。因太后爱子心切，不愿让幼子身处险境，大臣触龙便发挥自己出色的口才，最终说服了太后。

这便是传统的信任模式：带有惩罚机制的信任模式。

传统信任多为“形式信任”与“成本信任”

人类社会稳固与发展的核心就是信任，不管是部落时期的歃血为盟机制，还是各门各派宗教的入会规矩，本质上都是为了建立与巩固人与人之间的信任。在这一阶段，我们的信任更多地依靠“自律”。

可是，随着社会的发展，人们发现，仅靠口头或仪式性的东西根本无法真正实现信任，于是便产生了“抵子为质”的情况：盟国间互派王子当质押，或者宗教/帮派中的严格帮规与惩罚制度，以及普通生活中的各种法律法规，都是用“惩罚性机制”来约束人们的。在经济领域，这种惩罚性机制则以“合同”的形式出现。

不过，就像那句俗语所说的：10%的利润能让人疯狂，50%的利益会让人不顾一切，100%的利润则能让人铤而走险，300%的利润则能让人践踏一切法律。传统信任，只是一种“形式信任”与“成本信任”。

举例来说，你与合作伙伴A签订了一份100元的供货合同，合同规定，如果你不履行合同的话，需要赔偿30元作为违约费用。

基于此合同，看似双方产生了信任。可是，如果B出200元购买你的货物，那么，你便极有可能毫不犹豫地违约，因为对你来说，眼下的违约成本只是30元，但利润很可能从50元增加到了150元。

在这种情况下，合作伙伴A根本没有办法阻止你的违约，因为你违约的成本远远低于你的利润。

虽然现实生活中影响履约的因素并不仅仅是价格，信任也不仅仅体现在交易过程中，但传统信任更侧重“形式信任”与“成本信任”的一面却由此可见一斑。

区块链不会创建或消除信任，它只是更新了信任的表现形式

现代社会的发展需要人们在信任基础上展开大规模的分工协作，因此，新的信任模式就显得尤其重要。

在人类全面走入互联网时代后，我们发现，互联网时代的信任变得更加困难。

互联网在成功地完成了数以千万计的链接与信任来源的去中心化以后，却无法每时每刻保障信任传递的真实与安全。

你生病时从搜索引擎上搜索到的医院，可能会让你丢钱又丧命；

你从购物网站上用和正品一样的价格买回来的 LV 包，可能是正宗的“中国造”；

你从新闻网站上看到募捐信息，捐了钱、流了泪以后却发现，你的钱被别人吃喝玩乐了；

你的网友请你帮他点开某视频点赞，赞完以后，你收到了银行账户中的资金被大笔转走的消息；

你从视频平台上学到的做菜方法，让你浪费了热情与时间不说，还难吃得要命；

……

在互联网兴起后，各类验证信息无时无刻不在提醒着我们：辨认真假是我们不得不重复去面对的事情。有人甚至说，我们使用网络的每一天都在为验证各类信息的真实性而奋斗着。如果从整个社会来看，这的确是巨大的浪费：资源无法优化，虚假可能随时存在。

的确，信任真实与否，直接关系着私人以及公共信息的安全性，社交账户的安全，甚至是个人与集体电子领域的财务安全等，一旦被拦截、被篡改，这种链接本身就存在着巨大的风险性——此时，网络带来的便利在某种程度上反而成了篡改数据与虚假数据的帮凶。

区块链恰恰是发轫于这个问题：如何在信息不对称、不确定、不安

全的环境下，建立经济活动赖以发生、发展的“信任”生态体系？

区块链解决了传统信任与互联网信任的痛点

现阶段，虽然比特币、以太坊等有关区块链的技术发展走向各有不同，但开发者们对该技术的发展所持有的一个共同想法就是，它能够“建立信任”，或者允许双方“不依靠信任”地展开交易。

区块链本身并不会创建或者消除信任，它只是更新了信任的层面，将信任从一种形式转换为另一种形式。之前，我们不得不信任证券、银行等金融机构，以自己的隐私、商业机密、资金为代价，请它们来验证相关交易；如今，我们只需要信任区块链技术本身即可。

在人类数千年的历史中，从来没有出现过这样的情况：金钱/黄金在没有中央当局或者主权等权力机构的支持下正常地工作。由于比特币、以太币等区块链以去中心化为追求，因此，未来它们能否成为主流，没有人能够保证。

当你以传统方式汇款给客户 1 万元时，银行作为权力机构，会首先确定你的账户上的确拥有 1 万元以上的金额，然后，从你的账户中扣除 1 万元，并将这 1 万元转入你提供的客户的银行账号上。

正如我们在前面所说过的那样，区块链的工作过程是这一过程的分散版本：所有这些信息都不是被银行保存与验证的，而是在“公开的账本”上展开。

拿比特币来说，当有人转让了十个比特币时，它将被矿工/节点验证，然后使用技术加密，并且写入区块，添加进这一公开账本里。

由于所有的验证都是由区块链系统自己完成的，所以，用户并不需要一个可信的中央机构；相反，信任会从一个中央权力机构（如银行）转移到许多分散的、匿名的参与者（矿工们）身上。

也正是因为这种去中心化，有专家将区块链技术定义为：一个信任连接器。因为它实际上是用算法和技术架构来解决去中心化的信任问题，从而打造一种信任机制。虽然区块链所创新的这种信任方式可能并不是理想化的，它依然无法直接解决信息来源的真实性，但它在防止传递过程中的恶意篡改和扭曲方面所做的努力，已经是此前其他技术所不能及的了，这也是区块链技术的先进性之一。

5.3 让陌生人相信陌生人的 Airbnb

2015 年，一家名叫 e 租宝的公司，用疯狂的扩张与令人瞠目的犯罪手段，震惊了整个中国。

事发以前，e 租宝在各大卫视黄金时间进行了大量广告投放，相当于利用公信力为高风险的互联网金融产品进行了背书。这种背书手段，吸引了大批本身对此类新兴投资理财事物不了解、只对高息与丰厚收益感兴趣的人，从而 1 年左右便造就了 500 亿大金额 e 租宝诈骗事件。

当一群缺乏投资知识的投资人遇到一群没有敬畏心的投机者时，悲剧便这样产生了。

为什么人们会如此相信，投资 e 租宝能够给自己带来丰厚的利益？关键就在于其所运用的信用模式。

什么是信任

在真实的经济交往中，通常会使用图 5－1 中的三种信任背书模式。

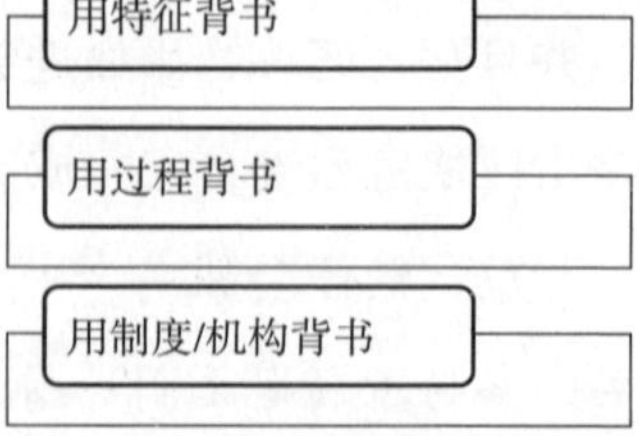

图 5－1　经济交往中的三大背书模

◆ **用特征背书**

这种背书往往基于我们对他人某一方面的信任，这种信任主要是因为对方表现出了某种与我们相似的特征，或者表现出了值得依赖、令人钦佩的价值。比如，在海外求学的游子，一看到说着中国话、长着东方面孔的人就会不由自主地生出亲近感；当然，有些人也会相信那些与自己有相同价值观、做事方式相近的人。

我们之所以会相信理财专家，是因为他们的特长就是“理财”；我们之所以找医生看病，是因为他们接受了专业的医学教育，拥有悬壶济世的能力——这就是他们专业上的特征，也是我们信任他们的原因。

◆ **利用过程背书**

过去的经验表明，你的投入会产生可预见的回报，这便产生了基于流程的信任，这种信任往往会演变成社会规范或者社会的微观规则。比如，我们大多数人都相信，“与人方便，自己方便”。

而在经济交往中，这种过程的典型表现则是“以物换物”。你知道“物美价廉”发生的概率终归是少的，这世界上大多数的买卖都建立在价值相当的基础上，钱花在了哪里，你便能享受到相应的内容。

或者，如果我们不会伤害他人，他人也不会主动伤害我们。

◆ **用制度/机构背书**

这种背书往往源于民众对权力机构或者中央当局的信任心理，这就如同大部分中国人都放心将钱放入银行一样。银行是一种有国家担保的权力机构，因此，人们愿意相信它。这种源于制度/机构的背书，其实本质上就是在利用公信力。

公信力指的是，政府、金融机构等在面对利益交往、公众交往时，所表现出来的一种公平、公正、公开、民主、人道与责任的信任力。而e租宝之所以能够成为互联网时代金融诈骗案的代表性案件，除了其犯罪数字庞大以外，还因为它所选择的背书机构，都是具有公信力的机构。

这便涉及“信用共识”的问题：相信一个人或者一个机构，到底需要多高的成本？若公信力机构未能尽到及时监督、及时审核的作用，信任关系又将走向何方？

Airbnb 用区块链解决信任危机

因为我们信任滴滴打车，因此，我们愿意将自己车上的空位挂在滴滴平台上待租，并同意一个陌生人以合适的价格坐上自己的车——这是我们发展共享经济的第一步。

相比之下，美国的 Airbnb 则走得更远。当你去往一个陌生的城市旅行时，除了可以入住酒店、旅馆以外，或许还可以敲开陌生人家的大门并住进去。这就是 Airbnb 的成立理念，它是一个帮助旅行者“寻找奇居”的在线平台，不管是整套公寓、一个小房间，还是特色小船甚至是树屋，你都有可能租到。

目前，在这个平台上，有全球多达 192 个国家、34 000 多个城市的独特房源，可以说，只要你想，你就能随时租住。

“节约住宿费用，能够体验民风，又离市中心近”，这是 Airbnb 对于旅行者最大的魅力；而对平台上的出租者来说，他们则可以利用家中的空闲房屋创造额外的收入。看上去，这是一个双赢的过程。

但 Airbnb 所建立起来的信任模式时有损伤，网络上有关租客付过钱却无法拿到入住钥匙，或是房东将房子租出后却发现房子被破坏得一塌糊涂的事情多如牛毛。很显然，虽然 Airbnb 正在建立起自己在短租房市场上的公信力，但在陌生人之间牵线形成信任关系，还是有些困难。

2016 年 4 月，Airbnb 决定对自己所遇到的这种困境出手，而它所选择的方式，是收购了一支名叫 ChangeCoin 的创业小团队。

对 Airbnb 来说，区块链技术所建立起来的信息共享非常诱人。

眼下，Airbnb 的用户已经累计到了 1 700 万用户，而这些用户之所以能够在旅行期间，在该网站上找到自己喜欢的住所，一个重要的原因就在于，Airbnb 拥有一个相对完整的评分、评论数据库，以储存房屋主人与房客的评价与交易信息。

如我们之前所提到的，区块链几乎可以储存一切交易、评分、评论与明细，从而使数据变得更可读。如果未来区块链技术能够被广泛运用于个人信用记录，并被引入 Airbnb 的交易过程，那么，就能通过调查个人在区块环链上的具体信任，得知个人的线上信用度。

在当下的租房交易中，只有 Airbnb 官方才能知道用户是否存在违约或者其他的不良记录；可是，通过区块链技术，Airbnb 上的房东以及其他人都可以用公开透明的方式知道你是不是值得信任。

这就意味着，哪怕你在租房的过程中只是摔碎了房东的一个杯子，该行为也会被记录到区块链上，供未来你将要租住房屋的主人进行判断：这个摔了别人杯子的人，是否有资格入住我的屋子？

相应地，作为租客，你也将从区块链提供的信息中看到，你中意的房子的房主是老实可靠的上班族，还是有过犯罪记录的混世大魔王，抑或是不好打交道的挑剔房主？

当你能够从线上判断对方是否可信时，自然遭遇“出了钱却住不到舒心好房”或者“出了好房却遭了心”的可能性便会大大降低。

5.4　一个被信任的区块链能实现什么

失去了平台，我们就无法信任陌生人的原因，其实也源于我们自身的交际特点。

20 世纪 90 年代，英国牛津大学的人类学家罗宾·邓巴在研究部落时发现，每一个部落的人数都被控制在了 150 人左右，因为如果人再多的话，大家就会无法记住彼此。记不住脸，便无法感到亲近；感受不到亲近，就无法培养起信任；而缺失了信任，部落间的战斗与争端便会永不停止。

在这150人中，关系的亲近呈现也有所不同，如图5-2所示。

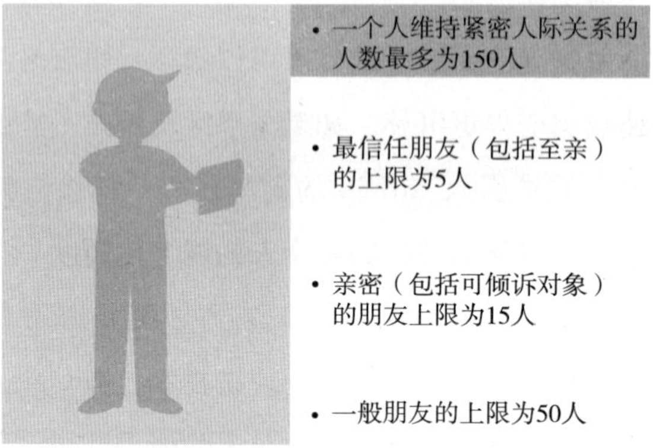

图5-2　150人定律

这些数字是恒定的，但具体包括哪些人，可能会时不时地改变。比如，你今日的亲密好友或许在十年以后就是普通朋友了，眼下与你交流频繁的个人理财专家，可能会因为薪资谈不拢或者让你赔了钱，你便辞退了他。

人际关系的变动所带来的最直接影响就是，我们再建信任关系时，会需要重新付出诸如时间、精力等方面的投入，这对于人生有限的我们来说，无疑是巨大而又逃不开的成本。

我们身处高度中心化的社会里，为了证明自己的信用，付出了太多的代价。因为互不相信对方，银行得以出现来集中管理我们的金钱；我们建设了支付宝来担任网上交易的中介，而P2P平台则是我们筹集自己所需要资金的重要所在。

这一切中介，都是因为我们不相信超出了自我“邓巴数字”的陌生人，只有通过中介，我们才能够建立起脆弱而又短暂的信任，我们甚至会为了建立这种信任支付大量的金钱。

区块链中的大数据在线化呈现了个人信用

支付宝能够发展成为人们必不可少的在线金融工具，正是因为它解决了大量陌生人的信任问题。而中国电商之所以能够在21世纪获得飞速发展，也正是因为它解决了大量陌生人的信任问题。

眼下，区块链会成为热门技术，完全是因为其用算法证明机制保证了这份信任。借着它，整个系统中的所有节点都可以在信任的环境下，自动而安全地交换数据。与费时、费钱的其他工具技术相比，它可以实现自动撮合、强制执行且成本较低的合作。

你可以想象：你每天吃了什么、付了多少钱、买了什么东西，甚至乘坐地铁时是否按着相应的里程购买车票，都会作为大数据被记录下来，并存储到区块链的一个个节点上，无法篡改，更无法修饰。

如此一来，所有人都可以通过区块链上的内容来描述你的数字画像：他们能通过区块链的评分来确定你这个人是不是诚实可信的，或者是不是能够将重要的资产托付给某一机构。

一旦这一体系建立起来，大量的中介就会失去其存在价值，哪怕是“见面不相识”的陌生人之间的信任，也将不再复杂。因为想要修改一个被记录在区块链上的信用记录，你要修改的是世界上每一个人的手机/电脑，甚至是所有的智能设备，而这将是不可想象的。

就拿社交软件来说，有人曾戏言，当你用社交软件发展婚外恋时，微信知道你干了什么，支付宝知道你干了什么，360知道你干了什么，只有你的爱人不知道你干了什么。

在传统互联网中，这些数据本来应该是你与对方的秘密，但按着区块链所追求的互联网共享、平等与透明的精神，这些大数据产生的，是一种“全球性的信用资源”。而基于此产生的数据信用体系，让你成了一个被信用描述的人。当你违反信用时，每一个你认识的人都会看到，而你的婚姻破裂也将成为必然。

区块链将打破共享经济的局限

当一个人的信用由区块链上的信息来决定时，我们的生活或许会发生根本性的改变，万物互联只是其中的一方面，关键在于，共享式生活或许会让我们的生活出现质的改变。

◆ 来自互联网的欺诈行为可能会大幅度降低

从中国搜索引擎霸主沦为大家眼中的“无良企业”，人们对百度失去信任的速度是飞快的。所有人都在感叹，在这样一个互联网时代里，还有什么值得我们去相信？是否真的存在不作恶的企业？

在未来，这一质疑可能会被区块链解决。当每一个人都在成为被区块链数据所描述的人时，那么，你的所作所为都会被记录，在这种情况下，人们对机构的信任将转化为对个人的信任。

想象一下，如果作为百度员工的你，每一个虚假的推荐数据操作都被记录在链上，你肯定会掂量一下：“我得到的薪水值得我去付出信用的代价吗？”

就像因为少还一块钱而被银行记录上信用黑点一样，一旦你帮助你所在的企业欺骗别人时会留下信用污点，此时，不管是谁，都不会选择铤而走险。

◆ 真正的共享可能建立起来

在这个物质丰富的时代里，你肯定发现了，自己周围的空闲东西越来越多。这些东西可能是你日常的生活用品，也可能是你的房子、现金等财产，甚至有可能是你的技能与知识。这些东西里，有一部分你可能一年都用不了一次，对你来说，它们都是闲置的资源，除了藏在储藏室里以外，就没有其他的作用。

不过，当区块链更新了我们的信用体系后，你就能够将这些空闲的资源出借或出租，数据画像将让你完全相信，自己的资产外借后不会受到损害，或者有损伤了也可以得到相应的赔偿。如此一来，空闲的资源便能在你与租赁者之间创造出应有的价值。

◆ **共享金融可能诞生**

如果说建立信任的第一步是预防欺诈的话，那么，实现物品与知识的共享也只能算是共享经济的最初形态了。更高层次的共享经济将发生在“区块链+金融”领域，它将低成本地解决个人金融活动中证明难、贷款难的“信任难题”。

如果你曾经去贷过款，你就知道，传统金融服务中针对个人部分的过程有多么烦琐：银行要调查你的资产情况，你有几辆车、有几间房、有几张银行卡……恨不得将你的家底全部搞清楚，之后才会决定是否给你贷款。

这也是为什么部分商业银行中所谓的“小额贷款”高达百万的原因：调查个人诚信问题的成本太高，所以光靠银行的话，别说个人，就连很多中小企业都无法获得贷款服务。

当区块链更新信任系统后，个人征信记录将会全面上链，并在金融业务中成为个人信用证明最可信的部分。你可以使用自己的区块链数据，向全世界任何一家银行申请信用贷款，也可以使用区块链向全世界任何你不认识的人申请信用贷款。

此时，金融将不再是银行才能操作的金融，而是变成了一种大众金融：我们将不再需要第三方中介机构（银行），便可以实现资金的融通——这恰恰建立在区块链的信任基础上。

6

区块链+金融业：用公开透明的信用系统保障金融安全

当下，区块链是发生在金融科技领域最具有挑战性的创新之一，因为区块链从根本上颠覆了传统金融的固有逻辑、运行模式和业务范围，对无数约定俗成的条条框框的限制进行了令人瞠目的突破，从而使金融业与区块链皆跨入了之前无法涉及、从未出现过的全新领域。

6.1 Waves：改变传统众筹的信用系统

众筹和区块链一样，是现代金融科技的组成部分，且两者之间存在着密不可分的关系：比特币初创企业往往会使用众筹的方式募集资金，而众筹企业采用区块链技术也将成为一种必然趋势。

什么是众筹（Crowdfunding）

想象一下，你的团队做出来一项比苹果的 iPoneX 还要有创意的产品，但是，眼下你们缺乏资金去生产、实施或者扩大经营。

无意间，你发现京东上有众筹项目，于是你将自己的产品所需要的资金分成不同档次的若干份，比如，999 元 5 000 份，1 599 元2 000份，2 999 元 1 000 份……人们根据自己的兴趣和能力，投资给你不同的金额。

你回报给他们的，则是不同的产品单价。若产品普通版原单价为 5 000元，豪华版原单价为 9 000 元，你承诺给参与众筹的人优先购买与优惠购买的权力：投资 999 元的，可以 3 000 元买普通版、6 000 元买豪华版；而投资 2 999 元的，则可以直接送一台普通版。

众筹便是这样一种实践，它立足于图 6－1 中的三要素，向很多人募集资金，以支持目前发展资金不足的某个项目或某一企业。眼下，众筹大多通过互联网中介展开，它是传统金融以外的一种融资形式。

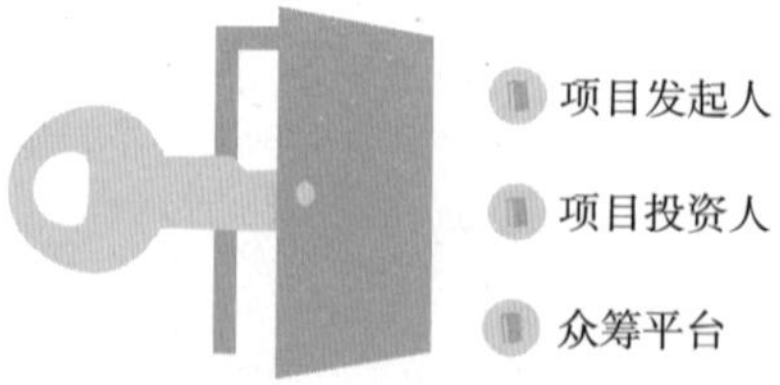

图6-1　众筹三要素

其实，向公众募集资金的筹款方式古已有之，最早的“众筹”多为募捐性质，比如，宗教向信徒募集修建寺院的资金。

1884年，为了修建美国自由女神像，新闻家约瑟夫·普利策便通过众筹的方式，向12.5万人募集了超过10万美元的资金。而现代社会里的众筹，早已成为蓬勃发展的现代金融产业的重要组成部分，其实现方式与覆盖领域都在不断地发展。

作为一种互联网金融融资模式，众筹的门槛低、项目多元化且尊重创意，因此，目前众筹正在以超高的增长率不断地发展，其自身规模与进入领域也在与日俱增。2017年大火的国产动画电影《大圣归来》，便部分采用了众筹的方式。

传统众筹的缺点

在传统的众筹服务中，必须要存在一个可信的第三方作为众筹平台，并立足于该平台展开众筹活动。一般情况下，遇到资金困难的经营者都会选择图6-2中所列的几大众筹平台。

通常，项目支持者先将资金转到众筹平台账户：当项目筹集的资金达到目标数量时，平台将资金转到项目发起人账户；当项目筹集的资金没有达到目标数量时，表示发起项目失败，平台将资金返还给投资者。

众筹过程中，资助者需要确认他们的钱的确是投到了项目发起人所说的项目上，而项目发起人也必须要确认所筹集的资金已经到账。

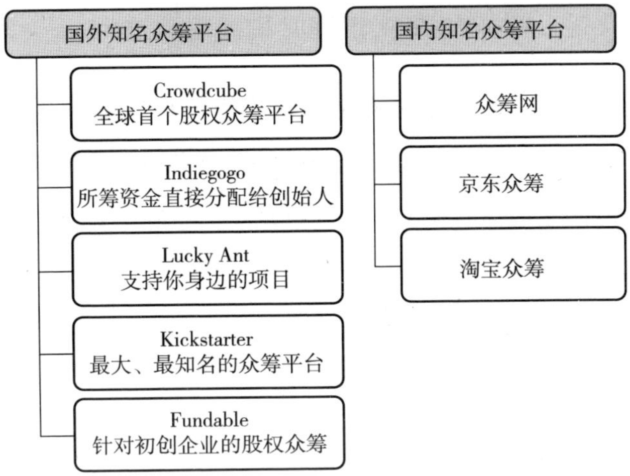

图6-2 国内外知名众筹平台

在这一过程中，众筹平台只是该段关系的中间人，它连接两者，促进两者建立起关系，不过，实际上，它并不承担“信任”关系。换句话说，它无法保证资助者的钱被合理利用到项目中去。

细读一下现有知名众筹平台的使用条款你便会发现，这种对众筹所得到的钱款不负责的免责条款在各个平台皆存在。

Kickstarter 的免责条款：“公司不能保证用户提供的有关他们自己、他们的活动和项目的数据、信息的真实性。”

Indiegogo 的免责条款更具体：“Indiegogo 对你们没有受信责任”，“Indiegogo 不保证筹资将会如项目发起者承诺的那样使用，不保证项目发起者将会提供特别优惠，不保证项目将会达到它的目标。对于项目的质量、安全、道德性和合法性，优惠及捐助额，以及在服务平台上发布的内容的真实性和准确性，Indiegogo 也不做保证”。

如此一来，不管是项目发起人还是众筹平台本身，其行为都存在一定的隐蔽性，无法做到向资助者与社会彻底公开透明。

立足区块链，Waves 将实现即时刷新用户信誉

作为一种技术，区块链并不能消灭人类群体交际过程中的失信行为，但是它却可以通过本身公开透明的特性让参与者看到众筹过程中以及后续资金的使用过程的相关操作，以减少信息的不对称性，降低人们的信任成本。

以 Waves 平台为例，其所带来的众筹创新包括了下述内容：

◆ 可跟踪的相关操作

这种作用在 Waves 平台的操作过程中是通过彩色币体现的。彩色币是比特币的一种，它可以被紧密跟踪，它来自哪里，参与过哪些交易，是否有过价值转移，是否建立起信誉系统，是否奖励代币或者代币投票……很显然，这种可以跟踪其来龙去脉的区块链代币运用于众筹平台时，能够明显提升投资方与项目方的跟踪能力和行为透明度。

◆ 透明的规则与审计方式

当投资者基于 Waves 的彩色币支持了你的项目后，这笔支付便留下了永不可改变的公开记录，这一记录不能被篡改，也不会因为技术原因丢失。而这些资金的事后使用情况，也同样公开在任何一个人都能够获取的公开透明账本里。这些特性本身，就提供了传统的支付手段与事后审计无法达到的信任与安全水平。

◆ 低费率

使用彩色币展开众筹，大大节省了交易费用。发起者能够抛开传统的众筹平台，采用区块链协议的方式发起、管理众筹项目，不需要给第三方平台与传统货币系统支付手续费。

◆ 更易流通

因为采用的是电子货币，众筹支持者在自己不想参与该项目时，能够快速、简单地将代币赎回，同时也可以与其他人展开交易，兑换

成其他的数字货币，这相对于其他任何专有系统都是一个显著的优势。

更重要的是，类似于 Waves 的去中心化众筹平台还可以利用智能合约提供这样的服务：若你预先承诺，该项目将达到 0.5% 的收益，但产品上市后却未达成预定目标，那么，资金将被自动退回支持者的账户。这增加了项目拥有者发起“众筹”这一动作的谨慎性，同时也保障了投资人的权益，而这些都摈弃了第三方的参与。

这也恰恰是 Waves 的目的：利用彩色币的这种特性，帮助需要的用户开启一个众筹项目，而投资者通过购买代币，能够直接对项目展开投票或者其他各类活动。

2017 年，Waves 还与目前最大的移动端比特币钱包 Mycelium 展开了合作。该项目拥有一个非常活跃的用户群，而 Waves 早已表明了自身想要将平台建设成类似于现有在线银行和交易 App 的志向。很明显，与 Mycelium 的合作，将使 Waves 形成一个拥有强大灵活性的应用商店生态系统，而这意味着 Waves 在改变了众筹领域的传统状态后，又将向移动支付的游戏规则发起攻击，未来，或许它会颠覆国际汇款。

案例点评

其实，类似于 Waves 的去中心化众筹平台有很多，它们都可以帮助人们为自己的项目展开众筹；而 Waves 与这些平台最大的不同点就在于，它利用彩色币的特性，嵌入了能够帮助投资者认清项目发起人的内容，从而使自身的信用系统变得更可靠。

由于用户的信誉将根据他的网络活动与其他用户的反馈来展开计算，因此，这一信誉系统得以很好地清除想要洗钱、有多次不良投资记录或是众筹记录的不良参与者。

更重要的是，由于区块链的可编程特点，未来 Waves 还将在众筹过程中内置智能合约，如此一来，就能避免项目发起者在收到资金以后擅自挪用到其他地方，从而真正地做到资金的专款专用，解除投资人的后顾之忧。

6.2 ASX：用认许制区块链创新证券交易

我们身处一个全民炒股的时代，据统计，仅在中国境内，便有超过1亿投资者在股海中搏击。

当股民们醉心于买卖价差时，有多少人注意到，每一次交易完成后的交易费用一栏，包括过户费、结算费等，少则几十，多则数百，正在吞没我们耗尽了全部精力赚到的利润（如果有的话）？而股民们面对这种剥夺，充满了无力感。

如果价差本来就不大，却要被各类机构分走盈利乃至本金的一部分，那么那些喜欢日内、高频交易的股民们自然受伤不小。

除了手续费以外，股票交易的清算速度也令人崩溃：你可能在周一卖出了股票，可虽然钱在你的账上，但你要想提出来，得等到周二。对那些着急用钱的人而言，一定很难理解：像余额宝这样的货币基金都可以做到当天提取到账，为什么股票不能？

现在，这些困扰股民们的问题有了新的解决方案：区块链技术加上智能合约，能够帮助证券交易系统走向现代化。

ASZ：致力于将区块链技术引入证券交易

澳洲证券交易所（ASZ）是澳大利亚眼下最主要的现金证券交易、清算与结算场地，该证券交易所在2016年时宣布，将与纽约的工业创业公司Digital Asset合作，研究使用区块链技术取代交易所目前的结算所电子附属登记系统（CHESS）——这项举动使ASZ成为世界上第一家这样做的大型证券交易所。

这是一项非常及时的研究，因为虽然CHESS依然是非常稳定的系统，但它已经接近其设计的“寿命终期”，与此同时，区块链技术也已成熟起来，可以取而代之。

到2017年为止，ASX已经成功构建了“企业就绪”区块链软件，并进行了广泛适用性的测试，以满足证券交易的基本功能、客量与安全性，以及澳大利亚地区展开的较大的证券交易过程中，一旦出现问题所需要的“复原能力”。

更重要的是，该软件已经成功地通过了第三方审核人员的独立安全审计，这意味着，在未来，ASZ的客户将可以使用区块链服务开发新的服务，并降低成本，从而加大澳大利亚金融水平处于全球金融市场创新前沿的概率。

传统证券市场存在四大痛点

证券交易市场是区块链拥有较大发展潜力的领域，这种潜力源于旧式证券交易过程中繁杂而昂贵的细节。

如果你是证券持有人的话，在传统证券交易过程中，你便会经历图6-3中的基本流程。

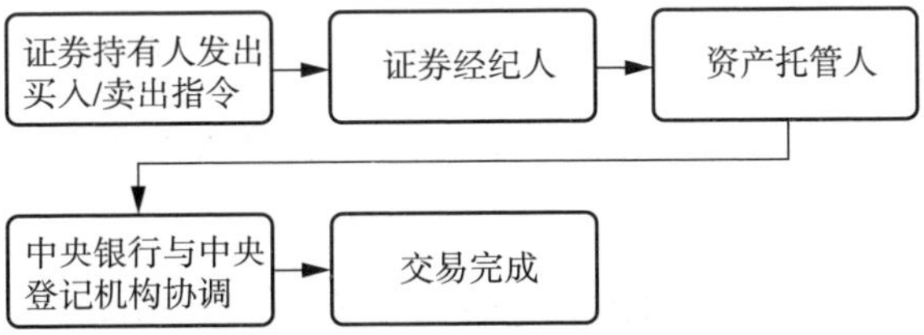

图6-3 传统证券交易流程

而在这一流程中，涉及图6-4中的五大中介。由于经手的中介较多，导致这一流程不仅效率低下，而且成本极高。更重要的是，在此模式中，中介属于强势的一方，金融消费者的权利往往得不到保证。

在整个清算与结算流程中，有许多能够被改善的痛点：

一是一笔交易，多个版本。当多方涉及单笔交易时，这笔交易便会

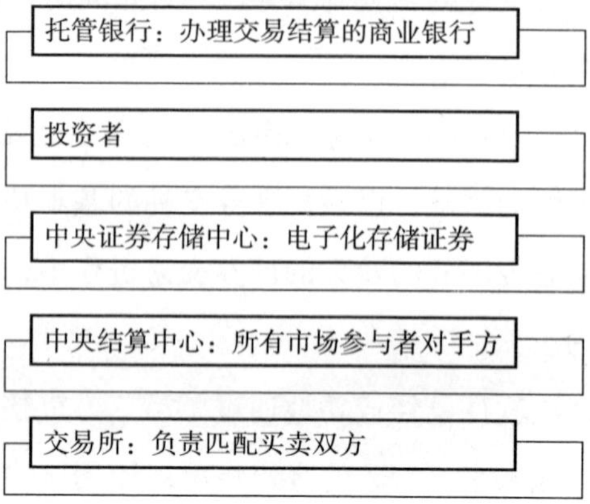

图 6-4　传统证券交易中的中介

有多个版本被各方使用的多个不同系统记录，这便带来了极大的不确定性。一旦有人对交易细节提出异议，便可能需要人工干预。

二是结算流程过长。当下，证券交易速度最快的当属美国股票市场。虽然美国股票交易往往不需要 1 秒便可完成，但其结算流程却需要花费 3 天左右的时间。2017 年，这一时间在美国缩短为 2 天，这便极大地限制了资本与流动性。

三是账户信息/指令不断变动。随着时间的推移，账户信息与结算指令变化（比如，新的账户开设/开闭，账户数量发生变化，托管人发生变化等）都会导致信息陈旧、老化，这会导致更多沟通需求与人工干预。

四是运营风险。当涉及交易结算时，机构往往会面临运营风险。

引入区块链后，证券市场将实现四大改进

在证券交易市场中，区块链所带来的最大好处就在于清算与结算流程的改进。

◆ 实现买卖双方的自动配对

区块链技术下，买方与卖方将可以通过提前设定好的智能合约实现

自动配对，并通过分布式的数字化登记系统自动实现结算与清算。

因为录入区块的数据不可撤销，且可以在短时间内被拷贝到每一个数据块中，因此，录入到区块链上的信息实际上产生了公示的效果，交易的发生、所有权的确认都不会产生争议。

◆ **减少/消除交易细节错误**

一项来自高盛的调查证实，10%左右的证券交易需要进行人工干预，发生在单一环节中时，这些问题都能妥善解决；但如果问题发生在不同的经纪人/交易商或者托管行流程以外，由于涉及数据共享与行业机密一类的问题，人工干预就会变得很麻烦。

有了区块链，记录交易时便需要进行全网所有节点的验证与确认，而这将消除人工干预的需求。本质上，在写入时便强制执行协议，区块链就能消除绝大多数常见交易问题与错误，比如，错误结算指令或者错误账户/订单细节。

当下，这些细节多是由托管商、经纪人、交易商与客户来共同进行确认的，但当证券交易引入区块链技术后，这些细节便可以提前被写入智能合约中，并因此变成一份在交易前便执行的协议，而非一份需要多方同意且在交易后才能检查的协议。

◆ **进行后勤功能的优化**

区块链能够极大地减少整个证券交易对人力资源、平台/系统的需求，同时也会相应地减少交易错误/问题，消除人工对账需要。

◆ **减少结算时间与结算费用**

一般情况下，从证券所有人发出具体的交易指令，到交易最终在登记机构得到确认，往往需要“T+3”天。有经济学家对该过程中所产生的费用进行过估算，结果发现，美国两大证券交易所每年所需要的清算与结算费用高达650亿~850亿美元，但是，只需要将“T+3”缩短一天，变为“T+2”，仅美国一国的证券交易费用将减少27亿美元。

当引入区块链技术后，一笔交易从结算到清算，仅需要10分钟便可确定完成。

去中心化的交易流程，无疑将使交易费用大幅度降低。

眼下，ASX正在尝试将区块链技术真正地应用于清算与结算系统，而且，不仅仅是澳洲地区，纳斯达克OMX以及伦敦证券交易所其实都已经在探索这方面的应用。

案例点评

其实，当下各大证券交易市场都在追求如何将流程最优化，且取得了较大的成果；但在处理一笔交易的过程中，与客户、经纪人、托管银行、信托银行进行交易细节的人工确认与对账依然是必须的，这导致整个证券市场的人工需求与相关费用成为最大的成本。

但如果区块链技术在整个生态系统中全面应用，证券交易过程中就只需要很少的人力和技术开支来处理交易的清算与结算。随着分布式账本技术减少甚至是免除人工干预的需求，第三方系统将成为多余的存在，因为智能合约会提供交易处理与结算所需要的所有关联信息。很显然，谁在区块链技术上获得突破，谁便会成为证券市场上的领头羊，而这也是ASX近年来在该领域倾注了大量心血的最大原因。

6.3 “认识你的客户”让洗钱无处可逃

金融机构之所以对私有链抱有极大的兴趣，不仅仅因为它可以降低成本、提升运营效果，更因为“KYC + AML”是它们的基本要求。

“KYC + AML”是什么？

1970年，支持银行保密法（BSA）的美国立法委员强调，为了避免犯罪分子利用金融机构进行洗钱等行为，执法部门可以获取各大金融机构的交易记录；同时，可以要求银行提供所有交易中超过 1 万美元的存取款、现金兑换等交易报告。

除此以外，银行还有责任了解客户到底是谁、在哪里工作、收入多少等具体信息；同时，要对他们的一切可疑行为向政府相关部门进行报告。后来，这一法律法规被各国政府逐渐引入，而此监管方法则被统称为 AML/KYC 规则（见图 6-5）。

- AML：Anti-Money Laundering
  即“反洗钱”，指的是政府通过法律手段来预防利用各种方式来掩盖犯罪事实所得以及其收益来源和性质的洗钱活动。
- KYC：Know Your Customer
  即“了解你的用户”，指的是像银行一类的金融交易平台获取客户、识别与客户相关的信息的过程。

图 6-5 KYC 与 AML

KYC + AML 一般是由政府动用立法、司法力量，调动相关组织与商业机构，对有可能发生的洗钱活动予以识别，同时对相关的款项进行处理，对相关机构与人士进行惩罚，从而达到预防、阻止犯罪活动的一项系统性工程。

在 KYC + AML 中，AML 是政府主导的行为，而银行、证券等金融平台的主要责任则是 KYC。交易平台有责任获取客户相关识别信息，并确保不符合标准的用户无法使用该平台所提供的服务，同时可以在未来的一些犯罪活动调查中为执法机构提供调查依据。

而这些行为的主要作用在于两点：①确保客户身份是真实的，提高贪污腐败分子隐匿非法资金的难度；②便于金融机构执行可疑交易识别的主观标准，将异常资金来源、特点与客户身份进行对比，发现明显异常时，即报告反洗钱中心，从而对贪腐、贩毒等违法行为起到震慑作用。

引入区块链，是为了实现“身份验证”与“适格性”目的

当代互联网金融的快速发展，使洗钱途径变得越来越多、越来越新颖，而与此形成鲜明对比的是，合规监管变得越来越严格，不管是金融机构还是企业，都承受了巨大的压力。近年来，许多银行都因为 KYC 与 AML 的执行有重大疏漏而承担巨额罚款，甚至是名誉扫地。

有关这方面，银行业出现的最严重案例当属渣打银行：2012 年 8 月，美国纽约金融服务局指出，渣打银行在 2001 年至 2010 年间，与伊朗进行了总值超过 2 500 亿美元的交易，涉嫌为恐怖组织洗钱提供便利，其经营牌照面临被吊销的险境。虽然此事在渣打银行积极的沟通之下，以 3.4 亿美元的罚款而告终，但声誉严重受损已是确切事实。

在成本与监管的压力下，全球各地多家银行重新评估了与代理行之间的关系，并与所有被监管机构怀疑的外国代理银行和客户断绝了生意往来。虽然这种一刀切的方式可以让单个金融机构的经营“去风险化”，但对整个银行业来说，势必导致金融包容性的失衡。

想要改变这种一刀切的局面，金融机构在接受监管时，就必须要从根源开始，尝试解决三大问题：

一是如何与其他金融机构建立起 KYC 认证联盟，实现安全可控的 KYC 信息共享，避免重复认证，从而降低监管成本。

二是如何实现各金融机构之间的信息互通，实现联合监管，以满足金融机构之间主营业务不同的经营需求，避免分头监管导致的监管漏洞。

三是如何实现即时监管，在金融交易的同时，获取监管所需要的信息，即时执行监管指令，避免因为监管不及时而带来的业务发展瓶颈。

R3 区块链联盟，让你更好地了解自己的客户

2016 年，10 家来自 R3 区块链联盟的银行联合起来（图 6-6），在 3 个月的时间内，共同测试了一个基于分布式账簿的 KYC 登记系统，并获得了成功。

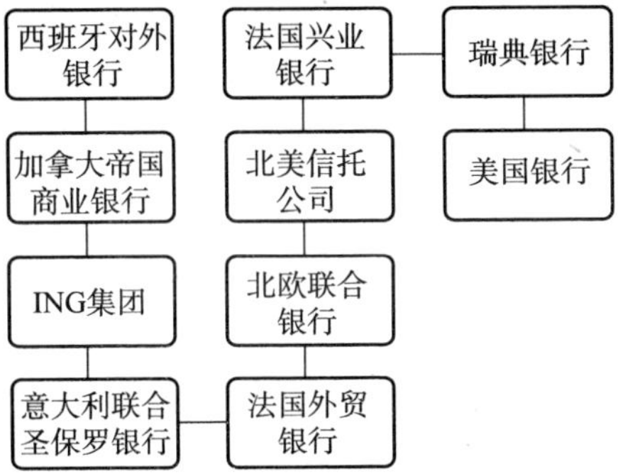

图 6-6　R3 区块链联盟成员

根据 KYC 数据，该项目能够记录并收集企业与个人的身份信息，同时提供第三方身份认证服务。作为银行间的共享平台，该登记系统可以创建和管理数字身份，为金融领域提供一种全新的 KYC 管理机制。

◆ **帮助参与者进行身份管理**

这一基于区块链的共享式 KYC 服务能够通过数据共享与分布式账本，帮助参与者创建并管理自己的身份认证，包括相关的文献资料，然后他们就能够允许那些为解决客户加盟和 KYC 问题的参与者访问其身份。

为了满足额外的验证需求，类似于政府反洗钱机构的权威者也可以参与进来，进行资料方面的证明。

◆ **具备进行金融监管的天然优势**

由于区块链去中心化数据库这一本质，它可以通过分布部署在网络上的多个节点，进行所有发生在线上的交易的记录：①可靠性。区块链

可以一天24小时、一周七天，全年不间断地运行。②无集中单一故障点。用于KYC的区块链为联盟链模式，联盟链多采用拜占庭容错算法机制，可以容忍小于1/3记账节点的任意故障，而且不会产生公有链的分叉问题。③安全性。这也是金融系统如此重视区块链技术的最关键原因，而该技术的安全性（图6-7）早已在比特币的运行中得到有效验证。

系统数据无法被篡改

无法捏造伪数据

数据可事后还原

有密码学追责证据

具备多级安全权限管理和访问控制

图6-7　金融系统最重视的区块链安全性

◆ 节省成本

针对KYC，各个银行的标准不同，因此而造成的时间浪费、过程重复都可以通过区块链得到缓解。区块链共享金融交易实体的信息，使各个银行间的重复性工作大大减少，同时也在符合法律法规的前提下，为各家机构节省了大量成本。与此同时，这也为金融机构挖掘潜在业务机会、识别风险方面提供了极大帮助。

◪ KYC身份认证分布式存储和共享方案

其实，平台通过区块链技术很容易实现KYC分布式存储和认证共享，任何一个加入网络的金融机构只要将经过认证的KYC信息存储到区块链上，其他任何链上的金融机构和监管机构即可同步得到一致信息，同时入链的 KYC 信息在每次被写入或修改时都需要被执行机构签名确认。

从机构（比如银行）角度来说，图6-8 所提供的方案具有下述优点：A 银行对某一客户的认证信息，可以让联盟链内其他多个银行重复使用，这将大大节省对客户重复认证的成本；当某一客户在 A 银行突然出现了大量不明来源的资金流动，A 银行势必会对该客户进行信息的二次更新，此时，联盟链中的其他机构也可以从联盟链上获取与该客户相关的信息，从而降低风险控制成本；KYC 认证信息被联盟链内的各个机构使用私钥进行签名存储，这将使该技术的可行性与安全性大大提升。

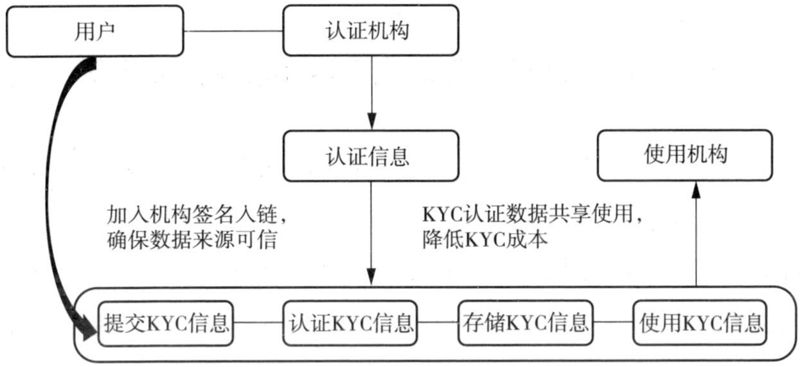

图 6-8　IPFS 分布式存储

从客户角度来说，使用基于区块链的 KYC 认证方式，则有以下优点：在 A 行认证以后，便不需要再在 B 行认证，这就减少了在多个机构重复进行认证的成本；认证信息更新时，不必在多个平台重复更新，提升了便利性；通过区块链的分布式网络进行 KYC 信息存储时，并不需要每一个节点都将所有的内容存储上，因此，它更省空间，也更省带宽。

案例点评

R3 联盟内 10 家银行所尝试的 KYC 联盟监管方案，虽然处于尝试阶段，但它对眼下监管体系技术架构是一种创新。与传统的中心化存储方案相比，基于区块链的KYC具有以下优势：通过区块链加密技术，可以实现金融机构与金融机构之间KYC信息的重复使用，从而大量节省KYC认证成本；通过分布式技术实现监管部门与金融机构、金融机构与金融机构、金融机构与客户之间的对接，实时执行监管指令，使监管效率大大提升；分布式存储的特点，决定了哪怕单一节点存在安全隐患，也不会影响全网的数据安全。

可以预见的是，未来尝试使用区块链技术减少KYC难度的银行机构将越来越多，同时，相关的技术手段也将逐步完善、进入实践运用阶段。

6.4 微众银行：用对账平台实现穿透式监管

2015年，国内发生了一宗大案：东北高速公路股份有限公司相关负责人到中国银行哈尔滨河松街支行进行对账，该行出具了公司截至2014年3月由电脑打印的银行对账单，结果显示，东北高速股份有限公司名下的两个账户里，一个账户余额为4.32万元，一个账户余额为2.79万元，但实际上，该公司存入该行的资金高达3亿元。

至此，因银行与企业间对账不及时而导致的“高山案件”完全暴露，整个案件涉及金额高达10亿元，对中国银行造成了恶劣影响。

“高山案件”暴露的是传统对账机制的不足

作为国家金融机构，银行最重要的一项职责就是保证企业资金的正常流转，同时客观记录企业发生的每一笔资金流转情况，并定期将企业在银行的资金流转情况打印出来，该账单即“银行对账单”，银行以此为依据，与企业的银行存款日记账进行核对。

一般其流程如图6-9所示。

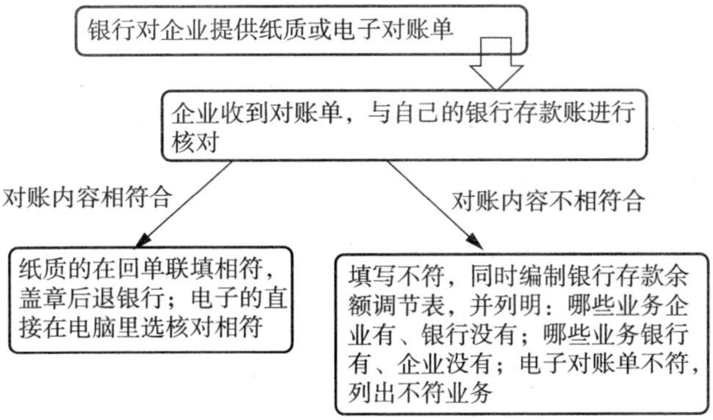

图 6-9　银行对账流程

对账结束后，其他问题继续追查。

不过，传统旧有的对账流程的不足与缺陷已经非常明显。

图 6-10 所列出的内容，各有其表现与危害：①轻视对账结果，多表现在银行方对账单进行回收后，没有人对对账结果进行核查、处理，对银企账务是否相符、是否存在未达账项、未达账项是否真实等情况大多不清楚，导致对账防范金融风险的作用大打折扣。②一般银行多重视存款大户的对账，而对临时存款、保证金、资产互借等账户的对账不太在意。③在有专项行动（比如“高山案件”全面暴露后）时，银行大多会投入大量物力和人力进行对账，但平日里大多会因人力、物力不足，导致日常对账工作无法坚持下去。

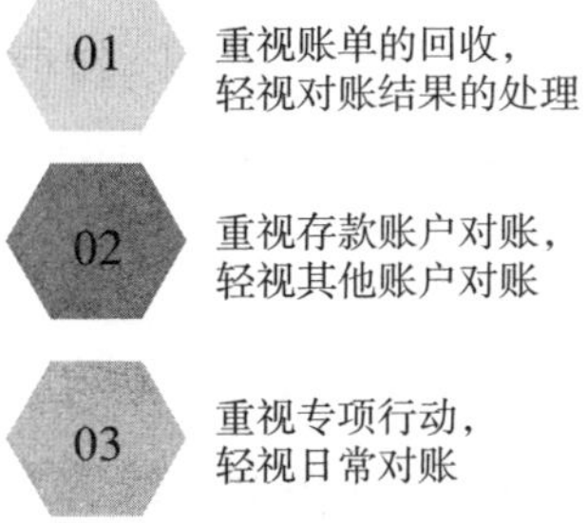

图 6-10　传统对账流程的不足

不过，这种不足在银行引入区块链技术后将得到极大改善。

微众银行：用区块链技术创新对账服务

微众银行是国内首家民营银行，该企业在金融创新方面是国内佼佼者。不过，有别于四大商业银行的是，微众银行并不像中国银行或中国工商银行那样，到处都可以见到门市网点，它的经营是通过在网络上与其他银行进行联合放贷来展开的，因此，其资金有高达 80% 来自其他银行。

在此经营模式下，微众银行与其他银行间的资金结算、对账业务便显得极其重要。也正是因为本身存在这样的“刚需”，微众银行从 2016 年开始便积极探索使用区块链技术来完成银行间结算、对账。

2016 年 5 月，微众银行联合 20 多家机构，在深圳成立了“金融区块链合作联盟”（简称金链盟）。该系统的运作模式如图 6－11 所示。

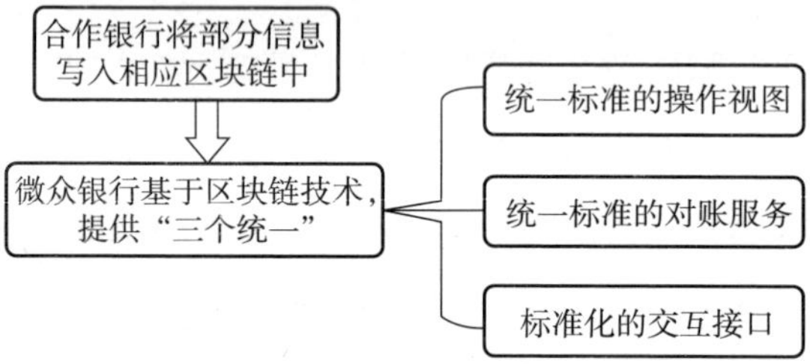

图 6－11　金链盟运作模式

通过图 6－11 所展示的“三个统一”的运作，传统“批量文件对账”模式长久未能解决的成本高、透明度低等问题得到了彻底的解决。

◆ **增强了合作方的透明性**

当合作银行需要了解信贷详情或者资金的交易情况，以及对交易中的风险进行监控时，只需要对比金链盟中提供的标准化数据，便可快速全面了解信息。

由于交易与清算相关的所有信息都可以加入链中，而区块链由加密算法保护，因此，当有信息的变动状况发生时，其他参与者也可以及时收到变更信息，这使数据真正实现了实时同步更新。变更后的信息会发送给全网，在全网共同见证交易的情况下，信息得以避免被非法篡改。

◆ **降低了人力和物力的浪费**

根据区块链运作规则，若上家记入一笔交易，那这笔交易便需要获得全网51%个节点的认可，才会由下家在自己的区块中记入。而在共识协议下，交易与清算这两大步骤能够同步展开。一旦交易发生，价值发生转移，记录这一转移过程的账本也会随之展开清算工作。

两大步骤的同步展开，使银行的工作效率得到极大提高，在此系统下，银行的基层业务人员得以从对账等繁重的工作中解脱出来，成本方面也可大幅度降低。

◆ **减少了人为介入造成的错漏**

传统对账业务中，合作双方的银行/企业自己记自己的账，待到交易完成之后，再一笔笔进行对账，这将导致二次劳动耗费人力。而且，因为数据是由对方记录的，其真实性、准确性很难得到100%保证。

相比之下，区块链分布式账本技术、共识协议管理、数据不可篡改与可追溯等特性，再加上清算与交易工作同时进行的流程，使清算正确率、实时率大幅度提高，人为介入造成的错漏将大幅度降低，并能因此实现数据的准确真实，更有利于银行控制风险，从而确保贷款结算真正实现安全、及时、高效。

如今，这一“金链盟”成员已扩展至80多家机构，并实现了机构间的准实时对账、提高运营效率、降低运营成本等目标。

案例点评

其实，如果立足于本身定位与其整体业务布局来看的话，微众银行是要成为机构与机构、机构与政府、机构与客户之间的连接者，而不是成为一个中心。也正是因为自身愿景不同，微众银行得以利用区块链技术摆脱了旧有的合作方式，将自身建设成了一条高速公路，使每家同业机构只需要开通接入高速公路的小道，业务即可畅通无阻，且一经确认，交易可不依赖传统的日终对账文件。

微众银行所主导的金链盟的现实运作，也恰恰反映了区块链的本质：虽然金链盟眼下的运用只局限于银行机构，但随着这一技术的不断成熟，它接入企业与金融机构进行合作的日期不会太远。眼下，我们只需要将区块链技术的共识机制、一致性、不可篡改性、可验证性等当成技术组件，针对不同应用场景下的痛点与需求，进行选择、裁剪、组合、改造，便可使区块链真真正正地摆脱"看上去很美"，走入落地时代。

6.5 中国邮政储蓄银行的资产托管系统

资产托管业务指的是，在资产所有人与管理人分离的金融产品中（多为基金、股票等），银行以第三方托管人的身份，立足保障托管资产安全、透明、规范运作的基础，为客户提供的多项服务。

假设你有一笔钱想投资债券、股票这类证券进行增值，但自己却没有专业知识和多余精力去打理，再加上资金不多，于是便选择一个专业的基金公司进行投资增值。而像你一样，想要利用多余资金产生更多盈利的人还有很多，为了众人的资金不被基金公司这一牵头操作人私自挪用，中国证监会规定，基金公司和基金经理只管交易操作，而不能碰钱。

如此一来，记账管钱的事情便需要找一个擅长此事、信用又高的机构来负责，这个角色当然非银行莫属。于是，这些基金资产便会被放在银行，并建成一个专门账户，由银行管账记账，这便是资产托管的一种——基金托管。

传统基金托管中的弊端

在传统资金托管业务中，往往需要跨多个机构、多个部门，在单笔交易巨大的情况下，业内参与的机构往往会涉及托管业务委托人、管理人、投资顾问、托管人这四方。

其业务流程往往是这样的：①委托人发起一个资产管理产品，并与其他三方共同协商来制定一个产品合约，在多方协商达成共识之后，共同签署完成这个合约；②产品基于产品的合约条款进入运作环节，运作过程中，投资顾问需要通过传真电话将指令内容发给委托人；③委托人确认没有问题后，发给管理人；④管理人根据合约进行审核后，再请委托人对合约进行二次确认；⑤委托人二次确认无误，管理人将指令发送给托管方；⑥托管方再对指令进行确认，若没有问题，才能进行资金划拨操作。

上述流程横跨多个部门、多个机构，且需要交易多方、多次通过传真、电话、网络等手段进行反复的信用校验，才能达成交易，不仅费时，而且造成了大量人工成本耗费。

可就算费时费力到此种程度，资产依然很难做到及时审计、有效控制风险。

究其根本，皆是因为传统资产托管过程中缺少一个多方共同信任、共同介入的信息系统来支撑此类业务场景。

不过，在中国邮政储蓄银行打造的资产托管系统中，此类场景有望得到改善。

中国邮政储蓄银行携手 IBM 推出资产托管系统

2017 年年初，中国邮政储蓄银行宣布携手 IBM 推出了基于区块链技术的资产托管系统，成为国内最早将区块链技术应用于实际业务的金融机构之一。

如今，该项目的设计人员已经通过区块链系统，依据图 6－12 中所展示的方法，对相关流程进行了简化与优化。

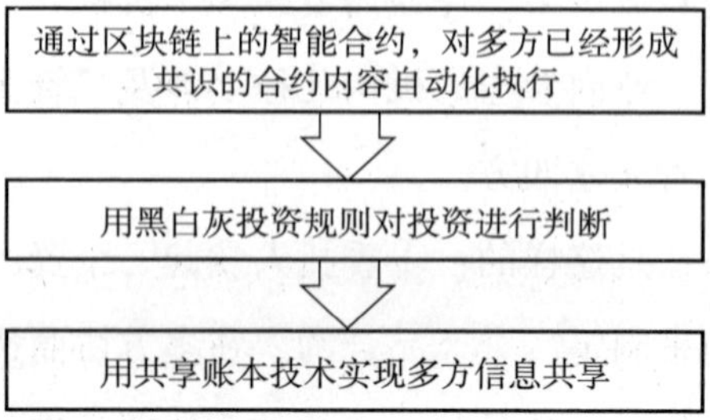

图 6－12　区块链系统优化后的资产托管过程

这一新流程大大减少了业务环节中的重复校验。

具体来看，该系统具有两大特点。

◆ 投资指令智能合约化

该系统利用智能合约，按照是否符合相关法律法规，以及提前设定好的合同条文，将投资方向划分为三类。

第一类：完全符合合同条文及监管要求、可直接进行投资的项目，被划入“白名单”，此类指令只需要管理人审批即可。

第二类：部分符合合同条文规定，有投资风险，需要多方再次确认的投资方向，被归入“灰名单”，此类投资指令需要委托人等共同审批。

第三类：不符合合同条文与监管要求的，被划入“黑名单”，此类投资指令会直接被智能合约拒绝执行。

◆ 提供实时投资风险提示

在区块链托管业务系统中，中国邮政储蓄银行利用共享账本，在用户投资方向出现问题时，会及时给出风险提示，帮助业务人员对投资方向进行及时、有效的监管，从而促进投资方向的合规。

在实践阶段，该系统不仅使信息多方实时共享成为现实，免去了重复信用校验过程，同时将原有业务环节缩短 60%~80%，极大地推动了资产托管体系的变革。

案例点评

作为中国领先的大型零售银行，中国邮政储蓄银行拥有超过 4 万个营业网点，其个人客户更是超过 5 亿户；截至 2016 年末，中国邮政储蓄银行资产托管业务规模达到了 4 万亿元。毫无疑问，这样一家拥有优异资产质量和显著成长潜力的银行，在区块链技术的探索与实践方面拥有得天独厚的优势。

中国邮政储蓄银行基于区块链技术的资产托管系统的成功推出，对金融行业产生了巨大的影响：它对中国乃至全球范围内的区块链生态体系都产生了积极作用，同时带动和加速了更高效商业环境的筹建。

7

区块链+制造业：工业生产智能化将满足更多个性化需求

虽然我们还未来得及看清它的全貌，它却正在以迅疾的速度蔓延——在世界经济论坛创始人兼执行主席克劳斯·施瓦布看来，与以往历次工业革命不同，第四次工业革命正以指数级而非线性速度展开，它如海啸一般扑面而来，且正在所有国家的几乎所有行业——对传统工业而言，第四次工业革命的发生无疑是一次全面的挑战。

7.1 第四次工业革命对传统工业造成的冲击

有关“第四次工业革命”到底是什么，当下业界还未达成共识。不过，在2018年的德国汉诺威工业博览会上，它以“工业4.0”的形式出现，并被贴上“互联网”“智能化”等标签。

什么是第四次工业革命

从图7-1中可以看到，与人类历史上所发生的前三次工业革命相比，第四次工业革命引发的变革将不再局限于生产端，而是扩展到了消费端、物流端甚至是整个工业系统。

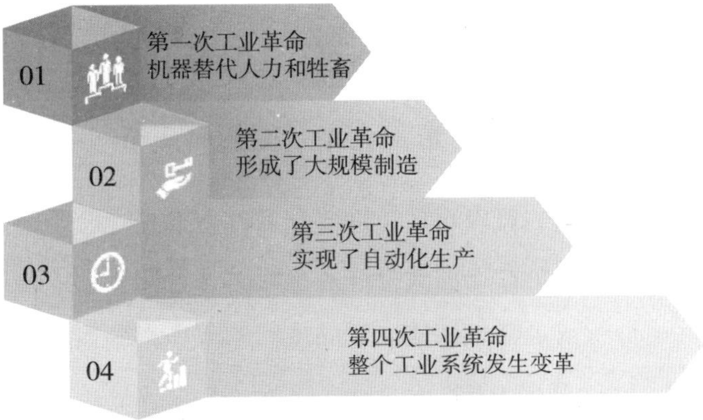

图7-1 四次工业革命引发的变革

对于这一海啸般的革命，我们可以设想一个场景来体会：你打算在客厅添置一台落地式空调，若第四次工业革命没有发生的话，你或许只能在现有款式中选择，这就要考虑下述问题：

原本计划放置空调的位置，是否与空调尺寸大小相匹配？

现有的装修风格是否与空调外表搭配？

在产品功能无法完全满足需求的情况下，舍弃哪一点，保留哪一点？

如此一来，你面临的选择便非常有限了。在现代的工业环境下，若采用专业的方式，你又将面临更长的等待时间、更高的花费。

相比之下，第四次工业革命带来的是更灵活的生产方式，它将使个性需求的定制化生产变得更经济：人工智能将用于设计你的需求，3D打印机将生产出那些特殊的零部件，最终机器人将对之进行组装。

基于大数据、云计算和区块链技术，商家甚至早已在你说出口之前便考虑到了你的需求，并推出各种设计方案供你选择。

于是，我们便可以看到图 7－2 中展示出来的差别。

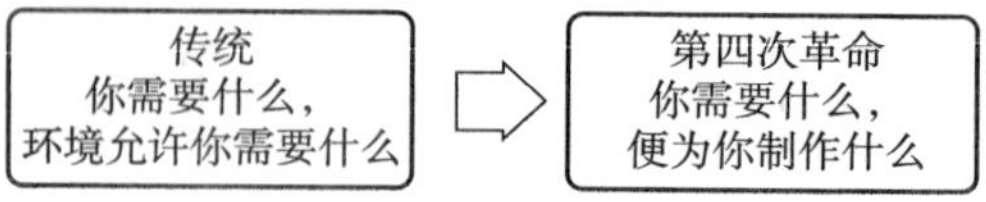

图 7－2　第四次工业革命的生产方式更个性化

第四次工业革命带来的是工业生产的全面变革

从上面的例子我们可以看到，随着互联网技术在工业生产领域的大规模应用，定制化、个性化消费将成为主流，这意味着工业范围内的生产领域将会更加开放，消息传递、产品生产的效率得到提升，生产方式更加灵活。

◆ 生产领域开放化

近年来，世界顶级的超豪华轿车厂商劳斯莱斯正在尝试一项创新：

他们开始给发动机安装传感器与定位系统。

为什么这样做？

不装这些，发动机就只是普通的发动机；安装以后，普通的发动机便会成为智能发动机。智能发动机在运行过程中，会源源不断地将产生的数据传回给工厂、产生与该顾客相关的新信息。这样的发动机便是将机械、电子与信息结合在一起的新虚拟物理系统。有了该系统，劳斯莱斯便可时时掌握发动机的运行轨迹与具体运行状况，并可以及时判断，什么时候发动机需要检修，甚至是到底哪里需要维修。

如此一来，劳斯莱斯就不仅仅是发动机制造商，而成了信息制造商与基于信息的高级服务商。当这样的智能发动机被装配上汽车以后，汽车将变得更智能：它不仅知道自己的工作状态，而且会配合其他技术，不断采集与该顾客相关的周边信息。近年来，谷歌自动驾驶汽车已经通过这种方式，决定自己的具体出行路线。而这些，都将为交通与运输带来革命性的影响。

◆ 高度智能化、网络化

能够产生新信息，也将产生新认知。一辆汽车从状态良好到运行出错，整个过程的信息都被采集到，这样，制造者们便会对车辆运行状况更加了解，而且，通过对长时间信息的分析，还可以对车辆的各个组成部件——机械的、电子的——在不同环境、不同工作状况下的工作性能有更深的认识，这将大大增加人们对机械与电子的认知。

同样，制造者们对人的认知也将由此加深，这就像手机软件的各项功能一样，每日你的各种经历被记录，你搜索了什么，你去哪里消费，到哪里吃饭与购物，以及相应的时间特点、消费习惯等，都会被记录下来。对这些加以分析，软件服务提供者自然会得到很多与你相关的信息。

由此，人类正式进入大数据时代。基于数据的信息与知识挖掘技术不断发展，使人们能够从一个新的维度增强对周边事物的认知。运用这样的技术，再通过人工智能技术，机器也将掌握这种技能，并将拥有智能化水平。

这就像谷歌机器人阿尔法在围棋对战中的表现一样：在输入各种围棋对战相关的信息后，其智能水平不断提升，并最终展示出了绝对超越人类的能力。在新的时代里，这种人工智能势必带来巨大的变革。

◆ **生产个性化**

在第四次工业革命的冲击下，在分工生产体系上，人类将会表现出更好的合作关系。这也是历次工业革命中都会出现的：生产力的提升、技术的巨大进步，会带来生产方式与生产关系的重大变革。

就像第二次工业革命利用生产线改变了劳动分工，使工人通过专业化工作的方式提升了生产效率一样，第四次工业革命发生后，生产过程中各个环节的信息沟通更顺畅，生产效率大幅度提升，库存也逐步减少，这些都将全面改变传统工业。

更重要的是，未来的工业将会改变硬性的、大批量生产的模式，并向着能够满足客户多方需求的大规模定制生产、柔性化生产进发，即一条生产线上可以产生不同产品，比如，汽车可能会在出厂时便已按着个人喜欢的颜色、内饰设计。而这种生产个性化的信息，一旦利用区块链技术与之前收集到的顾客信息进行结合，那么，个性化定制之路将会表现出全新且令人震惊的面貌。

◆ **经济共享化**

第四次工业革命的另一个特点是它衍生出新的经济形态，即共享经济。未来，各个服务供应商、生产商之间有很大可能会通过区块链技术共享客户信息。这就如同眼下典型的共享经济案例“网络约车”，通过美国优步公司与中国滴滴打车公司的互联网平台，客户能够享用更舒适的乘车服务。

而基于区块链所形成的共享经济，对当下经济将会产生颠覆性影响。想知道这种影响到底有多大吗？看看网络购物对传统实体店的冲击，互联网金融对传统金融业所产生的影响就知道了。新工业革命一旦与区块链结合，所产生的影响将是革命性的。

第四次工业革命正在全面而深刻地改变着经济、社会的方方面面，未来，新技术、新工艺、新成果的运用都将有机会通过区块链发生革命性的变化，而这一切正在现实生活中切切实实地发生着。

7.2 “边看边买”的DIPNET“并行”生产

想象一下这样的场景：

你是一名漫威超级英雄迷，你最爱的，是超级英雄黑豹的本尊特查拉——他独有的人格魅力让你为之着迷。

在电影《黑豹》上映后，你激动得一塌糊涂，并有这样一个想法：定制一个特查拉本人穿着西装、1∶24的真人模型。你希望将它放在自己的办公桌上，以此来激励自己成为他那样的男人。

遗憾的是，你发现市场上根本没有这款产品，市场上有的只是大批量生产的漫画版黑豹；哪怕你愿意支付大价钱来定制它，但由于模具太贵、利润太低，根本没有工厂承接这种单一个性化的工作。

这就是传统工业3.0的最大缺陷——哪怕有个性化需求，但只要条件不允许，你就不得不接受批量化生产的产物。

传统生产多采用“先……后……”的“串行”式生产

在传统生产中，往往会采用图7-3中的串行式生产，即“先……后……”式生产模式。

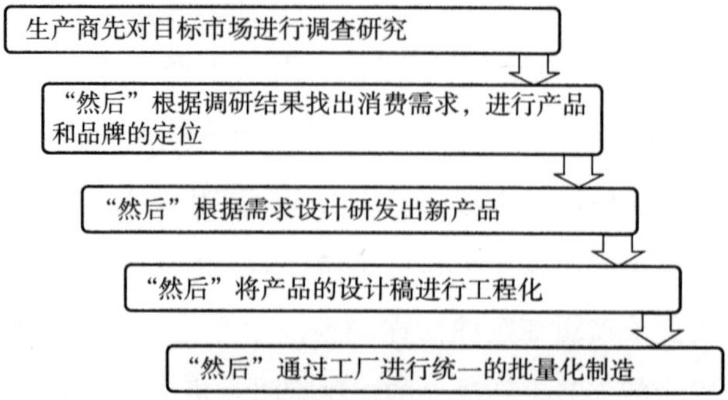

图7-3　传统生产中采用的串行式生产

这种串行式生产有三个明显的问题。

◆ **生产周期与质量难以保证**

在生产过程中，每个生产单元都是独立存在的，在信息上并不相互通用，这导致接下来任何一个环节出现问题，后面的所有环节都会随之被推翻。

这也是现阶段产品从研发到销售的周期极其漫长的原因，而且因为突发风险导致的损失，生产部门和厂家都非常害怕此类事件的发生，这使工业的创新能力受到了极大限制。

◆ **制造柔性低**

大部分人没有意识到，生产线的自动化水平越高，就意味着柔性化水平越低。只要产品稍有创新，就要重建生产线，才能实现批量生产。可以说，现阶段的大批量、快速化生产，都是靠着有刚性需求的复制化统一生产实现的，而创意与设计方面则不能考虑到更多。

但在未来，工业化生产必然会向着个性化定制的方向发展，因此，如何提升生产过程中的柔性化，便成为生产厂家必须要考虑的问题。

◆ **各个环节资源浪费严重**

在设计、生产与流通环节，层层的谈判、合同签署都会消耗、浪费大量资源。

设计作品中的大量浪费，是因为生产商无法准确把握市场具体需求，而开模费用又极其昂贵，只能从众多设计作品里挑出一个来生产，这样一来，大量优秀设计产品就无法生产、实现价值。

生产、流通环节的浪费则更多体现在资源浪费上：产品的形状越复杂，成本越高；产品生产出来后，还要运输到各地，此时占用的能源、交通、人力、仓储等资源更多。

也正是因为如此，未来传统工业势必无法适应工业 4.0 时代的变化。

所谓的工业 4.0，即通过技术将各个环节打通，将“先……后……”式生产，变成“一边……一边……”式并行生产模式。只有将并行生产与数字化生产相结合，才能适应未来日渐复杂的市场需求。

工业云生产的中心化，决定了它无法实现工业 4.0

眼下，很多国家与大型工业组织都在探索通过“工业云”技术解决上述问题，但工业云依赖中心化系统，即我们熟知的服务器/客户端模型。这些设备最大的缺点就在于，哪怕相隔只有几米，也必须要通过互联网连接。

工业云的服务器的确拥有巨大的计算能力和存储空间，但其基础设备维护费用极高，需要中心化的云服务、大规模的服务器集群和网络设备来支撑。一旦联网过程中的通信量达到一定程度，成本消耗便会变得惊人。在云服务器运作过程中，哪怕出现一个故障点，都有可能导致整个网络的崩溃。

而且，很可能设计者、生产者之间的云服务器是无法兼容通信的，这就使该方式依然无法彻底解决传统工业时期的一系列问题。

区块链 + 智能制造 + 文娱 = DIPNET 的“边看边买”

就拿我们之前提到的“漫威人物定制”一事来说，传统的影视剧周边产品的生产非常复杂，除了设计外，还涉及产品产量的不确定性。

比如，你所钟爱的《黑豹》可能口碑很好、上座率极高，但周边产品却卖得极差。一旦生产计划与市场实际情况脱节，便可能造成产品滞销，产生巨大浪费与经济损失，并拖累 IP 自身价值。

一个名为 DIPNET 的区块链初创项目改变了这一切。DIPNET 提出了“分布式智能生产网络”这个新概念，并主张将工业互联网与工业区块链技术相结合，利用区块链技术实现小众化产品的有效针对性生产。

在该网络上，设计者、开发者、终端用户和工业生产者皆以平等的节点身份接入网络，数据能够在任何节点间进行点对点传输，信息实时交互，从而实现研发、设计、生产、制造、销售、服务等全过程的数据流动自动化。

立足智能合约，这一分布式智能生产网络将带来更高的效率、更快的响应与更低的能耗，生产过程中的跨组织数据互信全部通过区块链来完成，订单信息、操作信息和历史事务等全部记录在链上，分布式存储、不可篡改，所有产品的溯源和管理将更加安全便捷。

我们可以想象这样一个从未出现过的场景：在《黑豹》这样的影片中，所有的人物、服装、道具在区块链上都有同样虚拟的存在，这种存在包含了它的原料、生产方式和版权价值归属等。

一旦你看电影时喜欢上了某件道具（衣服），并产生了购买的意愿，你在 DIPNET 付费的那一瞬间，这件商品在生产链条上的智能合约便会被触发。智能合约会根据设置好的条件，选择最合适的部件生产商。接下来，所有的设计、生产单元会以最快的速度形成生产系统，并执行生产指令，组合部件，产出完整产品。随后，在智能合约的作用下，产品会被运输公司送到你的手中。

更重要的是，这一智能网络不仅响应了消费者的需求，实现了柔性化生产，也保障了生产商的权益。在工业生产中，生产了产品却收不到钱的情况时有发生；在智能合约的强制操作下，这种情况将不复存在。重资产的制造企业，在未来将有可能实现轻资产扩张。

案例点评

DIPNET 为影视衍生品行业带来的改变虽然眼下依然在设想阶段，但作为首个基于区块链的分布式智能生产网络，它在未来将连通影视娱乐与工业制造，从而实现影视娱乐的碎片化市场需求。而且，我们完全可以从这一项目的预期目标看到未来工业制造的改变：柔性化生产时代将指日可待，一个面向未来的分布式智能生产网络正在成为现实。

7.3 用区块链创新增材制造

你肯定在餐厅见过菜品雕刻：将萝卜、西瓜一类的食材大量削减，做成不同的形状，变成饭桌上的艺术品。

现代工业制造中也有这样一种制造工艺，它被称为“减材制造”。它与食材雕刻一样，必须要先找到比较大的材料物体，从较大的外形开始修整开关，直到通过除去部分材料，裁剪成理想的形状。

这种制造流程往往需要多次尝试才能得到合适的生产模型，而生产各种复杂的工具也需要花费大量时间。在工业 4.0 时代，它明显不能适应装备制造的发展要求。于是，一种新的可实现“复制再制造”的增材制造技术应运而生。

增材制造行业：突破困境便可迎来质的飞跃

传统工业制造都是基于减法进行的：工人们利用车床、磨床等，对一整块钢铁进行切削、打磨，进而制造出不同形状的零件。这种操作需要高度精准，一旦失误，原料便会报废。

相比之下，增材制造是一种“用加法代替减法”的新技术：它以数字化模型文化为基础，通过软件与数控系统将制作材料一层一层叠加在一起，制造出实体产品。这种制造技术的出现，不仅大大减少了昂贵高材料的浪费，还能制作出任意复杂形状的零件，真正实现了零件的"自由制造"。

打个简单的比喻：减材制造是从一个完整的材料上切割掉多余的材料，而增材制造则相当于从无到有的制造。

由于增材技术密切结合了信息网络技术与先进材料技术、数字制造技术，是先进制造业的重要组成部分，因此，各国政府对该产业的发展皆给予了高度重视。仅拿我国来说，政府便将增材技术列为"中国制造2025"的重点发展方向。

作为快速增材制造技术的一种，3D 打印技术以数字模型文件为基础，通过逐层堆积制造的方式来构造物体，因为其所具备的爆破性张力而被誉为工业 4.0 的支柱产业。

目前，3D 打印技术早已在文化创意、教育教学、医疗等多个领域进行了多纬度的应用。

据不完全统计，在全球范围内，3D 打印企业产能极其庞大，但因为制造商与客户之间的数据互通受到了现有技术的限制，导致供需双方需求无法及时有效对接。用户没有渠道获取符合自身要求的 3D 打印制造商的相关信息，而制造商拥有的设备却因为订单不足而无法满负荷运行，这使得整个 3D 行业都呈现出低迷的产值。

利润不足，使 3D 打印行业的发展受到了严重限制，可以说，未来3D 打印想要获得充足的发展空间，就必须要嫁接新兴科技。

面对诸多难题，区块链的作用便凸显了出来：它在解决上述难题的同时，还将重塑增材制造产业的整体生态。

未来，信息技术在图 7-4 所表现的三层空间中，将通过区块链改善它们之间的协同设计、数据安全、产权保护、制造控制等内容，实现增材制造业的全面革新。

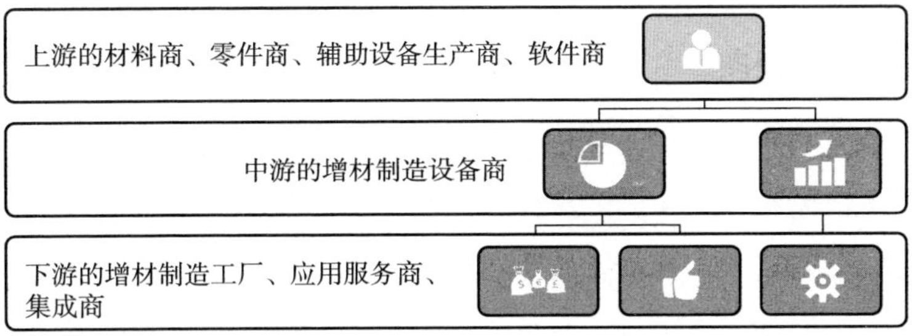

图 7-4　增材制造产业的上中下游，都可用区块链改善经营

穆格公司：让 3D 打印全流程可控

身为全球范围内设计、制造和精密运动控制类产品系统的集成商，穆格（Moog）公司涉足了包括军用/商用飞机、卫星和航天器、工业机械、医疗设备等事关人类发展与进步的多个领域。

为了进一步促进公司的业务发展，该公司一直在探索增材制造领域的新技术。他们在全球多个国家和地区部署了 3D 打印机，并对制造流程、最终产品质量等关键信用环节做担保。

为了促进客户对产品生产系统的了解，该公司开发出了立足于区块链技术的 Moog VeriPart 系统。该系统能够在零部件打印过程中，直接将二维码与防伪标识打印到产品上，用户只需要通过手机扫描，便可以获得所有关于产品的信息。

在 Moog VeriPart 系统上，与产品相关的订购、制造、流通、使用、维修、回收等多个环节的所有信息都会通过区块链技术被同步到各个节点，这使这些 3D 打印的零部件在其整个生命周期内都有迹可循。

比如，身处中国的客户可以从德国慕尼黑的制造商那里获得挡车零配件的数字图纸，然后，在穆格处于中国本地的公司打印，从而省掉跨国仓储、物流等多个高额成本。由于对整个生产过程进行了实时监控，因此，根本不需要担心产品质量。

在此过程中，区块链成了传递数据信息流的安全层和中间件，它连接了客户与制造商，而产品在生产过程中所需要的相关文件，包括品质要达到怎样的标准、形状要如何设计、付款与生产时间等细节，都会提前以智能合约的方式写入区块链，并以此形成信任关系。

比如，A公司需要穆格公司的零件，他们可以在穆格的供应链中提出自己的具体需求，再由智能合约生成订单。一旦订单生成、进入了生产环节，区块链便会记录下与该零件制造相关的每一个环节，并依据智能合约中的设定应对有可能发生的问题。在该过程中，不管是客户、穆格公司还是以政府为代表的质量监督方，都可以随时审阅生产过程。一旦产品完成验收，智能合约也将强制执行付款交易。

可以看到，这样的生产模式更新了增材制造的整个流程，同时也更有效地保障了制造商与客户的权益。

LINK3D：用区块链为3D打印信息安全护航

相比于穆格公司在生产过程中对区块链技术的运用，总部位于美国纽约的软件公司LINK3D则更侧重于如何实现新式打印流程中的版权保护。

LINK3D在当下的主要发展任务是开发工业3D打印软件，其目的是通过更先进的软件，帮助企业更快、更平衡地进入工业4.0时代。在2018年4月，该公司宣布首次将现有软件整合了区块链技术，使之更适用于工业3D打印。

LINK3D愿意做第一家“吃螃蟹”的公司，原因在于3D打印技术过程中的保密重要性。在产品数据日渐成为商业机密的当下，3D打印过程中，文件的完整性与可追溯性对客户与制造者有着毋庸置疑的重要性；但在此之前，从概念化、设计过程到最终生产，所有的3D打印工作流程之间的数据都是各自展开，并不存在什么数据上的无缝链接——区块链的技术特点则可以提供积极帮助。

如今，LINK3D已经通过一款名为“SaaS”的产品，将区块链技术与云计算进行了整合，形成了新的系统。

在该系统下，制造商可以先存储客户与自身产能相关的信息，以实现设施匹配与认证，从而方便客户寻找合适的制造商；而制造商也可以在该系统中预先验证订单是否可行。

更重要的是，在3D打印工作流程中，该系统立足于智能合约，提供了重要数据的审计、治理。由于区块链数据的可跟踪性，该系统上实现了实时存储数据日志，双方还能够对数据的复制、改变进行追溯与验证，确保了知识产权的完整性，这使数据安全得到了充分的保证。

区块链还能够在供应链与物流跟踪过程中让双方放心，因为一旦制造商发货，零件在路上的每一个具体位置都能够跟踪，公司与客户都会知道，零件是否被打开过、距离目的地还有多远。

在LINK3D的描述下，该区块链系统中，不管是工作流程还是安全性，都已变得有效而强大。

案例点评

据估计，在全球范围内，从2018年开始的未来五年间，以3D打印技术为支柱的增材制造产业将以22.3%的年复合增长率增长。仅3D打印技术一个领域，未来两年的收入便有可能高达300亿美元。

这一过程中肯定障碍与曲折很多，但以穆格与LINK3D等公司为首的企业不断探索区块链技术在该领域的集成，将会使3D打印流程管理进入快速、高效时代，实现工业3D打印应用的增长。

7.4 智能化的能源生态正在形成

能源行业的发展与每个人的切身幸福密切相关，是人类生存与发展的基础，失去了能源，我们便不能网上购物、网上订餐，甚至连基本的洗澡、做饭都无法做到——能源对个体的重要性由此可见一斑。

不过，传统能源行业却面临着在生产、消费、输送、存储、交易等多个环节的低效问题。在能源系统中引入区块链技术，能够极大地解决价值交换中的中间成本，保证能源系统的高效率、低成本运营。

分布式能源共享将成为可能

区块链最重要的特点之一就是数据的不可篡改性，而区块链在电力领域的应用便与区块链的这一特征密不可分。区块链技术的使用，将使每一度电的来源、走向都被记录在区块链网络上：20度电于某月某日产生于某核电站，再经过某条线路输送到了你的家中，在家庭用电的几个小时中，这20度电量被用光了；其中，空调、电视、灯光照明、饮水机分别用了多少度。

这一场景在未来只是电力领域内区块链可做的某一方面。专家们预计，在未来，区块链在电力领域会有以下三种发展走向。

◆ 让每一度电都有迹可循

我们时常会从新闻中听到偷电、漏电类消息，一旦区块链引入电网运作中，这种现象将从根本上被杜绝。当电力的一切走向都被记录在不可修改的账本中时，智能合约会自动执行相关的举措，让电力的异常情况立即得到处理。

◆ 私人/企业间电量交易将可预期

目前的电力系统其实已经比以往智能了很多：十年前，我们用电还需要到供电局去跑一趟，购买了多少度电，就只能用多少度电；现在，不管是购电还是断电，都可以由一个智能化的电表来完成。

不过，虽然已有智能化的影子，但“供电局”作为一个固定的存在，依然起着重要的中介作用。

当去中心化的区块链技术引入电力系统后，未来你将有可能与自己的邻居交易剩余的电：智能合约可能对每一度电都建立起一个数字映射关系。比如，你在家中装了一台小型的太阳能发电器，每天能产生1度电，但你每天只能使用0.5度电，剩余的0.5度电就会归集到总网络中；隔壁的邻居想要用电的时候，便可以选择与你直接交易——区块链让分布式的能源共享成为可能。

能源共享的未来正在被实现

这一设想绝非空想：美国能源公司LO3 Energy与基于以太坊区块链公司ConsenSys合作开展了Trans Active Grid项目。该项目在美国布鲁克林的一个微网中建立了全球第一个基于区块链技术的能源市场，它通过智能电表实时获得发电量、用电量等相关数据，并利用区块链实现了能源共享：居民可以成功地将屋顶太阳能生产的余电以点对点形式卖给邻居。

这种能源销售新方式打开了区分能源来源（可再生能源、煤炭、石油和天然气）的可能性，它提供给消费者可选择的能源范围，改变了传统电网通常以净电量来计量电力的旧模式。未来，我们可以依据自己的喜好，选择不同的电力能源来源。

另一区块链团队易能链（Energy Eco Chain）则在企业间能源共享方面进行了更出色的探索。该团队上线了一款分布式能源配售系统，这一系统立足于区块链应用，目的是改善能源使用过程中所涉及的资源非高效利用问题。

分布式能源配售系统立足于智能合约，提供了一种立足于全球不同实体间的、能源跨境交易新设想。该设想通过使用智能合约进行重新设计和自动化执行，并运用底层数字和加密代币进行能源交易，以此来改变现有的能源匹配系统，以缓解发达地区能源过剩、欠发达地区能源不足的问题。

另外，使用区块链技术使得能源交易变得更透明也更安全。该系统通过数字通证和智能合约，在买家与卖家之间形成连接，并签订后续合作细节，这使交易过程中有可能遇到的货币转换等限制、障碍被彻底消除。

更重要的是，在区块链下展开的能源交易，没有了烦琐的交易后结算流程。当能源以数字化的形式进入链条以后，它的走向便可以通过物联网进行实时监控或跟踪；一旦数字资产被转移，结算便已完结，卖家便立即可以获得报酬。

◪ 智能化的能源生态系统即将到来

区块链+能源的结合，远不止实现能源共享这么简单，它将使能源生态体系的“乌托邦”真正地变为现实。

在区块链技术下，不久的将来，能源设备供应商、专业运作/维护服务商、能源设备使用者以及负责报价与资产流通的金融系统将可能更有效率地结合，形成一个高效能源联盟链系统，如图 7-5 所示。

图 7-5 更高效的能源生态系统

在该系统中，四方中的每一方都可以得到该系统的查询密码（即私钥），使用该私钥，可以查询信息加密以后在该系统中发生的任何运作。这样一来，系统中的所有参与者都会形成一种相互监督的关系。

该系统将根据大数据分析，直接计算出最适合业主的方案，并通过智能合约，由金融机构自主完成购买行为。

在这一系统中，区块链技术还将实现能源智能化调控。智能设备与互联网信息将由区块链连接在一起。

想象一下这样的场景：区块链中的某一居民区煤气运作节点突然在非做饭时间出现了异常、持续性的用气量增加，节点处便会发出警报。系统会与其他节点反馈的信息——比如，该居民区的其他用户用气量——进行对比，在确认有可能发生“漏气”这一情况后，信息直接传递给维修总部。总部设备便会根据智能合约的规则设定，自动派出相应维修设备与人员去往现场维修，从而避免一场有可能发生的煤气泄漏事件。

由此可见，智能化调控能源的时代，我们的生活将会变得更方便、更安心。

案例点评

在能源价值链的多个环节中，能源区块链都能发挥积极作用。

一方面，区块链技术可以服务于能源资产的生产与开发，因为不管对于能源资产的资产证券化，还是对于绿色能源的碳资产开发，都能够通过区块链技术进行资产登记、溯源、流转，这将在大幅度提升能源的运转效率的同时，降低交易成本。

另一方面，立足于能源共享与就近交易的分布式能源项目将越来越多，相关应用的实验也正在逐步推进。未来，在“可信计量、可信交互、智能控制”基础上，去中心化、多样化的智能能源市场终将形成。

7.5 浪潮之下的中国质造

作为“世界工厂”，“Made in China”以其物美价廉的优势，在世界市场上占据了重要地位。但中国制造业虽然庞大，却并不强大，关键就在于，中国制造的品质欠缺保障，这导致了中国产品在国际市场上形成了“低质、廉价”的形象。

虽然眼下国家出台了诸多机制，努力推动中国制造业的质量升级，但效果甚微。为了使中国制造真正地成为“中国质造”，中国浪潮集团与中国检验检疫学会共同推出了“中国质量链”。

区块链，真正促进生产关系发生变革

过去几十年，中国实体制造业飞速发展，“大”成了最明显的特点。但“大”同时也意味着参与者众多，龙蛇混杂的情况下，由于现有技术方面存在的限制，质量检测方面存在着明显的缺陷。

这种缺陷主要体现在企业与厂商之间处于信息不畅通的状态中，用户不了解产品信息，而市场上也没有让用户能够完全放心的质量检测标准，以至于近年来大量“海淘”“海购”类网站兴起，消费外溢。因此，怎样打破用户与制造厂商之间的产品信息壁垒，在制造业与消费者之间搭建起信任的桥梁，成为破局“山寨”、提升“中国制造”品质的关键所在。

由国内领先的云计算、云识别领导厂商主导推出的中国质量链，是国内首个将区块链技术导入中国制造业的创新之作，其目的在于搭建“制造”与“消费”间的信任生态体系。

浪潮集团认为，在未来技术创新的时代里，云计算只是基础设施，大数据是土壤，人工智能是工具，它们所代表的只是生产力革命，但区块链所代表的却是真正意义上的生产关系革命。

在传统制造业中，一件商品的制造需要原材料、生产工具、人力资源等各种要素，但未来的商品制造除了要具备上述要素以外，还必然会加入“数据”这一全新的生产要素。虽然眼下工业领域的数字化转型早已如火如荼地展开，但它其实更侧重于解决效率问题，对于如何避免人为地去干扰数据从而对质量提升形成有效帮助，工业互联网并未解决。

由此我们可以联想到大众汽车在2015年被媒体爆出的尾气排放检测造假案，其根源就在于传统检测手段对作弊监管乏力；而日常生活中更常见的，是新闻时有提及的所谓“有机蔬菜”含有严重超标农药的情况。不管是大企业经营还是小作坊生产，单纯地依赖数字化手段，根本无法将现实生活中的刻意造假完全杜绝。

质量链，中国制造的基础设施

相比之下，中国质量链利用区块链去中心化的模式，组建起了质量管控的内外联合新局面。

对外，质量链在政府部门、行业企业、相关服务机构之间形成了跨组织的互信关系，从而用较低的技术成本解决了信任成本高这一“管理难题”。

对内，质量链融合了标准、计量、检验检测、认证认可等业务，形成了共治共享、数据互通的机制。

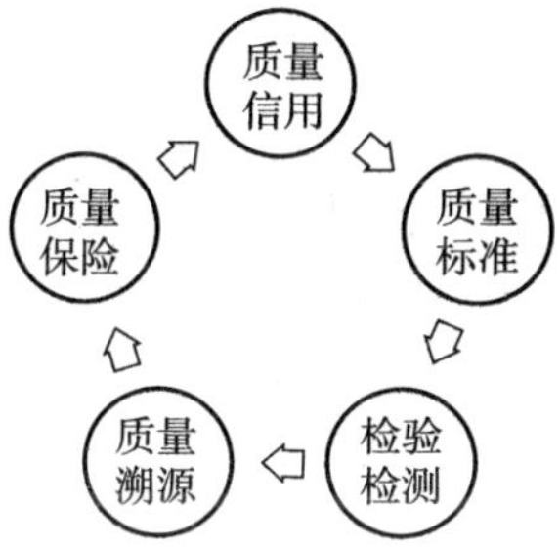

图 7-6　中国质量链中的质量闭环管理体系

在内外联合基础上，未来，该区块链将呈现为一个闭环式的质量管理体系。同时，为了达到保障商品质量的目的，中国质量链的闭环系统还体现为图 7-7 的五大环节。

它立足于区块链数据不可篡改、可追溯等特性，结合政府监管部门、检验检测服务机构等组织的共识认证，实现了以质量为核心，构建了商品与信息的全连接，从而保障了产品质量、流通质量与消费质量。

更重要的是，中国质量链的范畴绝非静态的质量溯源，而是涵盖了整个产品生命周期，其保障能力绝不仅仅限于保真溯源，所汇集的数据也远超目前线上所能提供的内容，而是串联了产品生产、流通的全生命周期数据，进一步加强了自身品质质量“权威平台”的定位。

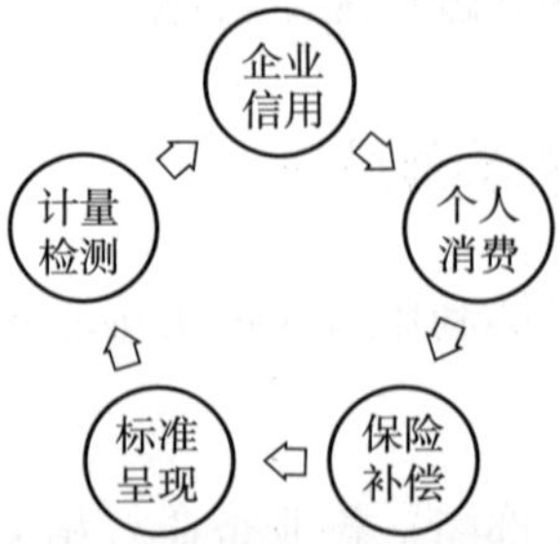

图 7-7 中国质量链中的质量闭环管理体系 2

比如，已经考虑加入、采用中国质量链的茅台和格力电器，消费者只需要使用特定的手机软件扫描，就知道自己买到的产品从生产原料、生产时间到运输环节、销售地点的整套信息。

每到市面上鲜见而又美味的特产比如大闸蟹上市时，市面上都可能会出现大闸蟹数量远超过产地产出数量的怪现象——很明显，这些多出来的产品都是假冒伪劣产品。但未来，只要该产品加入了中国质量链，那么，这些冒牌产品将无所遁形。

这也是市场运作的必然规律：当造假成本远高过踏实提升品质、做好产品所带来的收益时，质量监管的作用才会真真正正地体现出来。

案例点评

中国质量链的发展非常清晰，它旨在使用区块链技术手段解决产品质量管理难题，并借信息平台赋能质量提升。其核心是围绕着“产品”这一中心，形成提升产品质量的闭环，纵向打通从企业端到消费端的产品供应链。

如今，格力、美的、东鹏控股、万和新电器等优质民族企业都已选择加入质量链。未来，加入该质量链的中国企业将会越来越多，整个中国质量体系将会更加完善，这显然有助于良性市场竞争环境的形成，更将大大提升中国产品在国际市场上的竞争力。

8

区块链+农业：全生产段信息上链助力全面扶贫惠民

作为地球上最古老、最基础的行业，相比于工业、信息、医疗等行业，农业的进化显得更加迟缓；但在飞速发展的技术环境中，农业的进化正在不断地加速。当下，传感器、电子表单、APP等数字技术早已取代了基于个人经验与纸笔的传统管理方式。而区块链技术与农业数据的结合，使农业与其他行业一样，真正地开始进入现代化进程之中。

8.1 当国民命脉与区块链相连

如果你不了解区块链的话，同时提及“区块链”与“农业”，头脑中便不免想到重型链条拖着农用车工作的画面。的确，这种画面与农业的现实操作有所关联：与实物链条一样，区块链直接将农业中的各方连接起来，实现迅速、安全而又无边界的交易。

这意味着区块链将变革国民命脉买卖双方的连接方式，不管他们身处何方，而且产品的来源、具体的销售流程也将进一步透明化——想想区块链本身安全、透明、点对点交易的特点便可以知道这一点。

可以说，区块链非常适合引入农业，实际上，它完全可以重塑国民命脉的面貌。

传统农业中，不平等的情况屡见不鲜

在非洲肯尼亚，你可以随时在农业贸易中看到下述三类不平等情况：

一是贸易商经手过的咖啡，其市场价格往往是从农民手中收购价格的15倍左右。

二是面粉商会变相“压榨”农民，当麦子打成面粉时，他们往往会报出比实际重量更低的面粉产量。由于不懂专业技术，农民们根本不会知道，他们提供给面粉厂的麦子到底值多少钱。

三是小麦、玉米、咖啡等农作物在物流运输的过程中，运输公司往往会报出比实际更高的损耗，而贸易商们则会在交易过程中报出比实际产物更低的等级，农民们卖出的价格便会远低于实际价格。

是的，你肯定想到了——作为农业大国，这种情况在我国也存在着，而且越是落后的地区，此类情况便越严重。

从印度种植甘蔗的农民，到西非种植可可的农民，再到中国种植蔬菜的菜农，全世界的农民都在指望着买家能够履行合约，并按照约定支付货款。可是，在实际操作过程中，收购者往往会在播种前便与农民签订供销合同，一旦产品成熟或上市价格有所波动，收购方便会单方面违约，压低收购价格，辛苦了一整年的农民很可能除去各种种植必需的费用，根本无利可图。

这种情况下，农民只能去寻找其他的收购者，但其他收购者也是如此运作的。这就意味着，即便该农民幸运地找到了另一个收购者，也可能会被迫大幅度降价。

我们不需要怀疑的是，这种事情在我们的现实生活中也时有发生。我们经常在媒体上看到这样的新闻：某企业签订了某一农产品的收购合同，可是某种原因导致企业不想履约。在收购方占据强势地位、毁约又毫无代价的情况下，之前签订的合同成了废纸一张，这种恶性行为导致的直接结果就是，该农产品大面积滞销。

一旦发生此类事情，最受苦的肯定是农民，因为产品是他们种植的，所有辛苦都会因此而付诸东流。

农民永远是买卖系统中最弱势、最值得同情的群体；失信现象普遍存在，导致哪怕签署了合同，很多时候也起不到对弱势群体的保护作用；信息不对称，不了解市场运作规律，导致农民被层层“盘剥”，若他们了解信息，可能此类情况就会减少很多。

当然，这些只是表面现象，农民处境之所以如此艰难还有更深层次的原因。

在农业的市场运作过程中，最根本的问题在于，农民与市场没有建立起公平、可靠的信息机制，现有的信任依靠的是某一方有高尚品德去履行约定/合同，可当信息、主动权都占据了优势的强势群体去面对法律意识单薄、保障机制落后的农民时，能够经受住市场考验的人并不多。

幸运的是，前述问题有可能被彻底解决，农民的话语权和谈判权将真正回归到他们手中。区块链技术引入农业领域后，每一位普通的农民都将有机会享受到公平和效率的红利。

区块链将解决农业的几大痛点

所有的技术都是为了解决痛点而生的。我国工业化、城镇化快速发展，但农业现代化明显滞后，这便导致了下述几大问题。

从生产经营形态上来看，我国农业生产经营依然较传统、粗放，靠天吃饭的局面在几年间并未出现根本性的大变化；

从信息化程度来看，我国农业现代化与信息化水平依然偏低，需要引入更先进的技术才能走出起步阶段，并提升农业智能化水平；

从食品安全角度来看，过去三十年间，我国农业发展中，化学药品的不规范使用屡见不鲜，食品管理体系缺乏安全；

从资源可持续发展情况来看，生产过程中，我国农业存在着较多能源与资源浪费，无功式消耗致使生态环境遭到了严重的破坏，又未换回恰当的收益。

近年来，随着移动互联网技术的不断加强与引入，农业全产业链的现代化水平一直在提升，其中，农业流通电商化、服务多元化、生产智能化、产业生态化等农业创新模式不断涌现出来。不过，相比于一些发达国家，我国农业依然有极大提升空间。

从横向来说，在现有互联网农业基础上引入区块链技术，并将农业数据与之相结合，将会使其成为农业供应链的单一数据来源。这种数据单一化将最大限度地减少记录保留和维护多个系统的工作，从而实现对农业产品产业化、商品化经营的跟踪、处理与管理，并通过精确的数据统计提升各个环节的合作效率，从整体上提升农业供应链的管理效率，节省时间和成本。

从纵向来看，在整个农业生产、销售的流程中所产生的数据其实蕴藏着巨大的价值。这些来自现有系统、渠道、电商平台及用户体验平台的数据，在被采集上链之后，都会先放在区块链里面做溯源和保真，之后不断沉淀，用到大数据和商业人工智能领域，最后无论是对线下的公司，比如针对消费端公司做用户画像、精准营销，还是深入农业供应链里面做产控、供应链金融，建立产业征信，都是非常有价值的。

可以说，农业区块链在我国的应用前景十分可期，它将为农业带来更多变化，使现阶段的农业向着数字农业、智能农业与信用农业不断发展。

8.2 用区块链养鸡的众安科技

你生活在北京，但吃的猪肉、青菜可能是从河北甚至河南运送过来的；如果正巧这两个地方发生了食品安全问题，你肯定会在选购菜品的过程中掂量一下再决定买不买。

这也是农业产业化过程中出现的最大问题：生产地与消费地很可能距离十万八千里。海南的芒果可能在青海出售，河南的大米可能上了广东人的餐桌，在此过程中，很多消费者会对农产品的生产与运输过程产生兴趣。

这种大米在种植的时候，使用了什么样的农药与化肥？

这样的青菜是怎么运输的？它怎么能做到从菜棚出来以后，到我的手中还鲜嫩欲滴？

这份腊肉是怎么加工出来的？是不是添加了什么东西来保持它的鲜

味？它又是如何保存的？

……

消费者对这些信息根本无从了解，而市场上农产品质量不过关、蒙骗消费者等情况又时有出现。长久生活在这样信息不对等的环境中，消费者对农业生产的信任度自然不高。

传统食品安全难以追溯，导致消费者无法完全放心

当下食品安全事件频发的根本原因，也在于这种信息不对称。政府监管机构、生产者、消费者之间的信息无法有效流通，导致了交易双方信任发生问题，而这也是食品安全最核心的问题之一。解决信任问题的关键在于，我们必须要建立起食品追溯体系。

审视当下食品追溯系统便可以发现，以下天然缺陷无可避免：

食品追溯依赖于统一的中央数据库，数据在存储、传输、展示等环节存在着信息被篡改的可能；

整个追溯系统在多个环节依然处于完全人工操作状态，信息提供者可以选择性地将对自己不利的基础信息进行屏蔽；

食品追溯系统的应用水平完全依赖于政府监管措施的力度，监管强时，应用水平便高，反之则低，而且，系统中人为操作空间极大，且缺乏对监管者权利的有效约束；

食品追溯系统根本不能保障生产者与消费者的隐私，特别是生产者的各种信息被过度暴露。

如果将区块链技术引入食品安全溯源体系，那么，“生产者”与“消费者”这两个互不相识、缺乏信任基础的角色将有效建立起信任关系，从而使食品安全领域存在的信任难题被高效率、低成本地解决。

步步鸡：真正实现追溯鸡的来源

这种设想现在已有现实落地案例：中国众安科技公司在 2017 年 6

月宣布将区块链全面应用于养鸡，扶持国内区块链创业公司“连陌科技”推出步步鸡项目。

这是国内首个农业防伪溯源项目的大胆尝试，它基于区块链不可篡改等特点，保证了每只鸡从鸡苗到成鸡、从鸡场到餐桌的过程中，所有产生的数据都被真实记录，真正实现每只鸡的防伪溯源。

相比于传统的绿色生态养殖，“连陌科技”结合物联网与传感设备的进一步应用，使用区块链技术给每只鸡都加上了一个“身份证”。该身份证实时记录鸡的地理位置，甚至它每天走多少步、长多少克都会记下来，这使鸡的整个成长过程都能够从源头被追溯。

在整个生产链上，区块链技术实现了下述环节的信息壁垒，所有信息通过区块链进行流转，并通过共识算法保证信息的不可篡改，完全真实可靠。

图 8－1 所呈现的过程中还采用了国际专利的防伪技术，带着防伪标识的鸡在送到用户手上之前如果被撕毁防伪则立即无效，这样可以防止信息的多次复制。

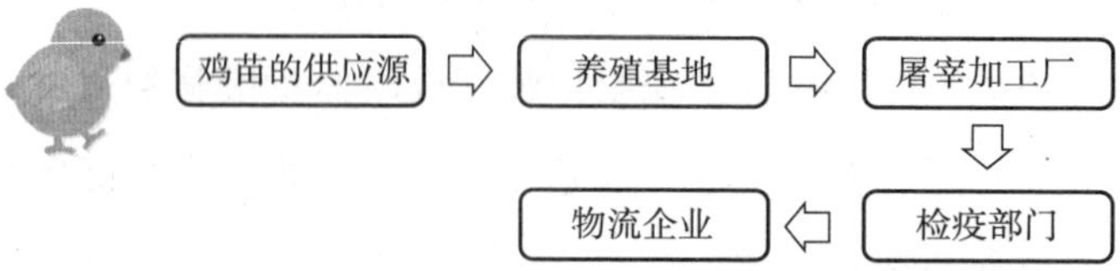

图 8－1 区块链技术下，鸡的一生一览无余

区块链技术将有可能彻底解决食品安全问题

其实，不管是发达国家还是发展中国家，都面临着畜疫、病菌等一系列食品安全问题，君不见，发达如英国现代养殖业，“疯牛病”依然年年出现。可是，每当发生食品安全事故时，寻找问题环节都会成为一道难以破解的谜题，而追溯与识别正是区块链重要的特性。

在众安科技的步步鸡项目中，通过特定的系统软件，买卖双方只要给予全网授权，就都能够通过软件了解自己所购买或出售的鸡的整个生产流程，真正实现实时追踪。而食品一旦出现安全问题，便可及时检测到问题发生的环节，予以针对性解决。

区块链技术与物联网、传感设备的深入应用，使得食品产、供、销各个环节的数据采集、上传完全依赖于机器采集与机器信任，而不会被人为地选择性提供。

在收到步步鸡后，便能够通过产品溯源对鸡进行真假、溯源信息查询；能够通过众筹，提前认领一只鸡，更能在特定手机软件上，每天实时关注鸡的成长情况，半年以后即可享受到新鲜美食。

试想，无论你是在菜市场还是网店，通过阅读肉制品的“护照”、蔬果米面的“认证”，即能放心购买到符合严格卫生健康标准的粮农产品。生产过程中出现任何问题，都可以在短短30秒内确定。在这一过程中，每一个“护照”“认证”信息都不会丢失，并且能够减少确认产品出处所需的人力，极大地提高处理效率。

案例点评

“步步鸡”项目是国内首个使用区块链技术养鸡的项目，同时也是第一个真正实现区块链与物联网智能硬件数据打通的项目。通过区块链多方共识机制与去中心化的特点，步步鸡得以保障链上数据的足够公信力，真正做到了防伪数据的公正、公开及不可篡改。

更重要的是，该项目中所提供的“物联采集、信息上链、舆情分析、防伪溯源”等新兴技术，都将有助于生态农业的打造。可以说，该项目的成功与经验累积使我们预见到，未来区块链可能从养殖业进一步扩展到种植业，并直接加速国内农业现代化的进程。

8.3 运用区块链实现精准扶贫

“扶贫”是一个世界级难题。2017年12月底，世界银行统计认为，如今全球依然有8亿左右的人每天生活在贫困线以下。而“消除贫困”与“反贫困”一直是现代发展经济学的研究对象。

一般来说，衡量某地贫困情况往往会从三个纬度来展开。

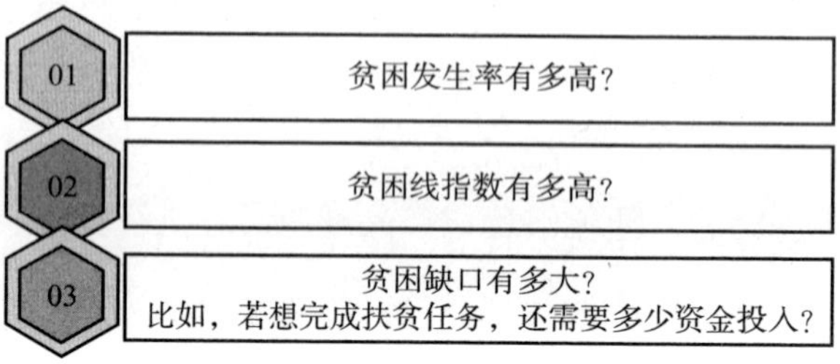

图8-2 衡量某地贫困情况的三个纬度

而在上述内容中，能够以人力改善的，无疑是大量投入资金，弥补贫困缺口。

虽然我国在扶贫领域取得了举世瞩目的成就，仅在2017年一年，中国的贫困人口便又减少了1 000万，但摆在我们面前的扶贫任务还是非常艰巨，特别是一些经济欠发达地区的农村，针对农民群体的扶贫工作更是因为种种原因而推展不顺。

不过，这种情况在国家主导、企业积极参与的“区块链+扶贫”项目背景下将有所改善。

政府主导、企业参与的区块链扶贫项目

目前，中国针对农村地区与农业的区块链扶贫项目主要有以下四个。

◆ 中国银行的“互联网+精准扶贫”项目

2016年10月，中国银行在银行界率先进行了区块链电子钱包研发，并在2017年1月将区块链电子钱包接入了精准扶贫共享平台“中国公益”，正式开始了中国基于区块链的“互联网+精准扶贫”的新模式。

在区块链扶贫项目上，每一个区块链上发生的扶贫公益行为都会在该链上节点产生一个“公益积分”，该积分类似于代币。未来此类代币将可能运用于银行贷款、信誉证明等多个领域。

预计到2020年，中国银行的该项产品将覆盖全国580个国家级贫困县中的90%以上。

◆ **中国工商银行的区块链扶贫项目**

中国工商银行也在推进区块链扶贫项目。如图8-3所示，由工行打造的区块链结构属于双链结构。

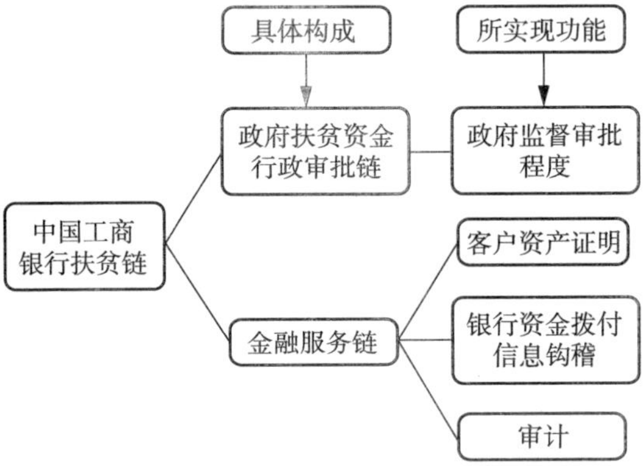

图8-3 中国工商银行扶贫链的具体构成与功能

该系统还利用智能合约绕过了扶贫资金的人工拨付管道，真正地实现了对扶贫对象的精准拨付，从而避免了在中间环节普遍存在的拨付成本、贪污腐败、资金行政审批事项。

◆ **蚂蚁金服的“顶梁柱”扶贫项目**

身为中国私企开放金融平台中的领军者，蚂蚁金服在2017年7月紧跟国家金融机构，推出了以“顶梁柱”为代号的“区块链+扶贫”项目，该项目由中国扶贫基金会与蚂蚁金服联合创建。

该项目与上述扶贫项目的不同之处在于，它所针对的并不仅仅是农村贫困家庭，也包括城市贫困户家中的主要劳动力，即项目名称中的

“顶梁柱”。由于之前蚂蚁金服已经多次发起过公益活动，参与人数早已超过 3 亿人，因此，该项目拥有极深的参与者基础。

◆ **众安科技（上海）的“步步鸡”扶贫项目**

我们之前提及“步步鸡”项目，因为它也是特色产业扶贫的典型案例。

该项目针对贫困农户欠缺科学化的养殖技术，提供了标准化的解决方案与技术指导，同时通过区块链技术提前找到了销售渠道，从而实现为农民特别是贫困户养鸡创收的目的。

在“步步鸡”项目的规划中，至 2020 年为止，“步步鸡”将推广覆盖上千个贫困乡、村，养鸡总数预计将超过 2 300 万只，每年预计为农户增收 27 亿元。

与其他项目相比，“步步鸡”项目还是一个互助保险类项目：在区块链上会显示那些增收非常明显的农户，这些农民需要将销售收入按照一定比例交给扶贫平台，平台会利用这些资金与其他扶贫基金，对那些增收不明显甚至是歉收的贫困户给予一定补偿。

由于项目覆盖了全国，所以，所有资金都将通过区块链平台进行流转与公示，从而让扶贫信息更透明、更易监管。

区块链技术在精准扶贫服务中的优势

上述几大项目在农业领域的扶贫工作中，皆体现出了下述三大优势。

◆ **区块链技术的共识特征有助于扶贫对象的精准识别**

区块链不依赖人和机构建立信任关系的共识特征，使它可以在扶贫者与被扶贫者之间形成准确的信息录入、筛选对比、识别真实信息。同时，结合了指纹识别技术后，系统会将身份信息印证上链，进而实现对帮扶对象的精准识别。

在这种架构之下，项目得以建立图 8－4 中的优势，使扶贫活动真正做到通过培育特色产业，发挥贫困农户的积极性，使其摆脱“不扶便贫”的被动局面。

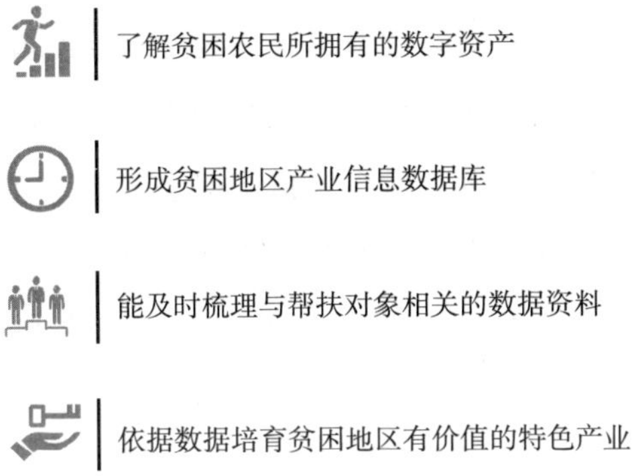

图 8-4　区块链技术扶贫优势

◆ **区块链技术的开放特征有效降低了扶贫成本**

区块链的开放特征使其可以依托智能合约技术，与扶贫项目资金进行有效匹配，对扶贫资金运用的各个阶段实现全程跟踪，并实现了运用多维数据来描述帮扶对象的诚信问题，降低了扶贫资金被农户移为他用的概率。对于那些未将资金利用到改善生产条件上的农户，区块链将予以真实记录，并调整该贫困户的诚信等级。

这些举措有效解决了扶贫政策落实、资金到村到户后无法跟踪的问题，使扶贫资源投入成本大大降低，实现了扶贫活动中社会效益和经济效益的有机统一。

◆ **区块链技术的安全特征实现了资金的全流程管理**

区块链对扶贫信息与行为的全流程存证，再加上全周期的阶段追溯与审计，使得扶贫网络参与各方能够全程管理、跟踪监督与有效监管。未来，你在蚂蚁金服上将有机会看到自己捐出的钱被贫困农户用在了哪里，产生了哪些效益，或是流失到了何处。

这些特点使扶贫项目能够有效控制风险，同时也能让参与各方形成有效合力，提升扶贫活动的效果。

案例点评

作为未来世界重要的底层技术，区块链有助于实现金融扶贫中帮扶对象的精准识别，有助于社会效益和经济效益的有机统一，有助于参与各方形成有效合力，有助于形成多方共赢的金融精准扶贫架构和模式。

不过，由于初始投入成本高、存储空间容量要求高、现实对区块链精准扶贫网络系统的要求高，目前区块链技术大规模用于精准扶贫难度不小。在国家与政府主导、企业积极参与之下，未来，我国将不断探索、持续推进建立包含政府部门、金融管理部门、金融机构、扶贫对象、新闻媒体、独立监督人员等主体在内的扶贫开发区块链助困系统，进一步将区块链技术应用于扶贫对象识别、项目安排、资金使用和成效评估等方面。

8.4 “农业＋物联网”，让市场实现供求平衡

农业领域所面临的最大问题有两个：交易手续费、中介费过高；农产品由供应商主导胡乱定价。如果供应商不能对农产品提供一个合理的价格，市场与消费者自然不愿意接受；供应链成本管理使农业最基层的劳动者——农民的利益被大大削减，同时也极大地阻碍了农业的整体发展。

诞生在俄罗斯的全球首例农业物联网区块链应用

2017 年，位于俄罗斯首都莫斯科的 Kolionovo 农场准备将整个农场的商业运作进一步融合到区块链中。他们是真正意义上在全球范围内首家做农业物联网区块链应用的企业，这一项目从概念到准备再到实践落地，花费了几个月的时间。

该区块链项目使用了两级架构：

第一级架构使用的是他们自己的加密数字货币“Kolions”，其基本

运作涵盖了产品的发展、设备、技术和相关工具的采购。

由于 Kolions 价值稳定，所以它对该农场的农产品销售非常重要。另一方面，由于这一加密数字货币非常便于操作，只需要在手机上便可进行，它还承担了滞留费、维持财务周转及增加吸引投资的功能。

第二级架构基于另一加密数字货币平台——崛起币（Emercoin）平台，农民们使用这一平台是因为它的三大特点：①分布式的商务。崛起币核心钱包的运转、变现既快速又安全，同时使用起来费用也比比特币、以太币等其他加密数字货币更低。②农场可以将农场股份记录到崛起币的分布式账本上，而该平台上的这一服务几乎是免费的。③参与农场运作的股东会发现，在崛起币的网络中，股息是通过智能合约自动支付的。

我们可以从图 8-5 中直观地看到，与传统农业生产与销售相比，区块链技术给 Kolionovo 农场带来了哪些好处。

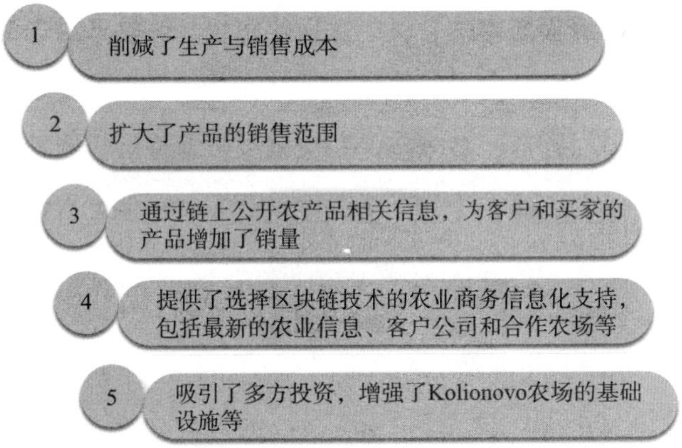

图 8-5　区块链技术给 Kolionovo 农场带来的好处

如今，Kolionovo 农场的农民们正准备将区块链引入生活中的各个方面，毕竟它的使用范畴包括但不限于农业。

区块链引入农业后，农产品价格会下降

很多人之所以会对“区块链 + 农业”的合作模式抱以担忧态度，

多半是因为一旦传统内容与高科技挂上钩，其价格就会大幅度上涨。

在区块链技术引入后，农作物产品是否会价格上涨，导致我们的生活成本大幅度上涨？其实，这种担心是不必要的。

一个国家（地区）的物价水平往往取决于多个方面，比如，该物品的国家生产力、国家的货币政策与货币的具体发行量、国民收入水平等。

从物流与信息沟通变得更顺畅的角度来说，区块链融入现代农业后，不仅不会抬升农产品物价，反而将使物价变得更亲民。

在当下的农产品销售体系里，依然包含有大量的中间商、代理商，层层下来，原本低廉的农产品从农民手中流出到进入消费者手中，价格已翻出了几倍甚至几十倍。但通过融合区块链技术，不仅能够减少不必要的环节，实现物料与人力成本的整体下降，分散化也将使农民、个体商户、小企业更容易参与到与大企业的竞争中。

事实上，区块链的智能合约若用在图 8-6 中的三个方面，将大大有利于提高农产品的质量与数量，进而降低农产品的市场销售价格。

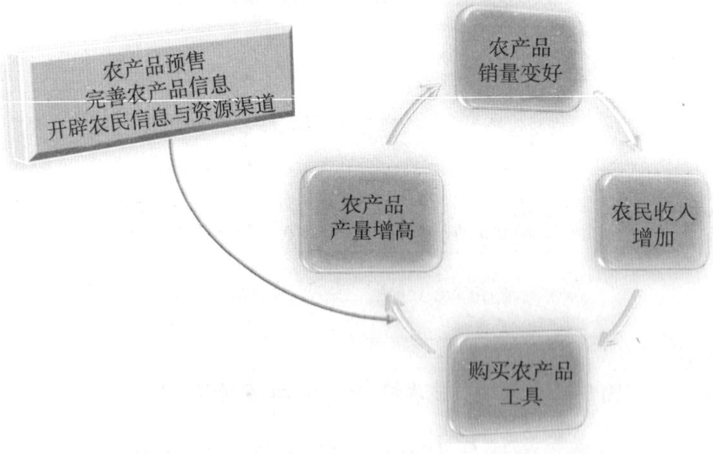

图 8-6 智能合约应用造就的农业良性循环

在未来，较高的农产品产量与较快的资金流动也将促进农业再升级，进一步增加产量，降低农产品物价。

区块链将真正实现农业按需种植

如今，最困扰农民的当属无法把握供求关系。我们常常会在报纸上看到，大量农民因为不熟悉市场需求，或者对市场需求进行了错误的判断，导致某一农产品产量远超出市场需求量，农民因此而受损严重。

◆ 区块链的信息公开透明，将减少农民盲目种植

其实，供求关系不平衡的主要原因在生产、流通和消费三大环节中，生产者和消费者无法实现信息对称，身为生产者的农民不能直接决定价格，这一任务便落到了中间商的身上。而一旦以营利为主要目的的中间商介入后，农民只好利用一切方式去降低农产品的生产成本，消费者也只好选择价格更低的产品，由此，自然会形成恶性循环。

区块链的信息公开透明能够有效地解决这一问题。

从消费者角度来看，通过区块链的可溯源性特点，自己能够知道所获得产品的信息，从而选择自己信任的产品。

从农民角度来看，他们可以通过区块链对大数据的分析，合理地分配种植需求，这将在很大程度上避免因为一窝蜂、大面积种植某一农作物而导致其市场价格下跌。

◆ 区块链与物联网结合，将节省大量中介费用

未来，在区块链技术作为技术支持的前提下，区块链农产品物联网将有望建成，而它将极大地降低中间商操纵农产品市场价格的概率。

目前农业物联网发展速度慢的主要原因，就是因为中心化的物联网运营成本极高，可物联网与区块链结合后，便可实现物联网的自我管理与维护，这便节约了大量的维护成本，未来，区块链物联网的规模化与智能化将大大提升。

更重要的是，物联网将直接对接消费者与生产者，省去中间商对利益的抽成。而且，在区块链物联网的有效调节下，通过物流便能实现这样的未来：农民以更高的价格卖出农产品，消费者以更低的价格买到优

质的农产品。

区块链引入农业后，将大大提高基层农民收入

区块链下的农业将向着智能化生态农业发展，在打通了所有环节、减少了烦琐流程后，它将形成比当下更完整的产业布局。

通过智能合约，农民、农场将如Kolionovo农场中的操作一样，直接对接最终的代理商。我们甚至可以想象得更美好一些：在未来，农民将有可能直接与市场对接，使中间商彻底失业。

在这一新型的农业生态链中，将不再有中间商拖欠菜农菜钱、收购商单方面撕毁合同的情况，每一笔资金都可以被及时、安全地获取，而农民也将有机会与更大的农产品销售市场面对面。

那些在短时间内产生了高附加值的优质农产品，比如真正的绿色蔬菜、高品质的反季蔬菜，市场也会通过区块链上的数据对其展开追溯与抓取，增加这些产出了优质农作物的农民们的收入。

更重要的是，智能合约将赋予农民议价权，过去那种中间商定价的情况将不复存在，农民将从价格接受者变为价格制定者，从而迫使下游成本降低。

案例点评

传统的农产品销售过程中，人为因素极重，这就意味着，一种农产品从种植到销售都会有不同程度的效率延迟，而区块链所创建的自动化流程，将大大加速农作物在市场上的流通速度。

正如我们在Kolionovo农场的实践操作中了解到的一样，未来，通过区块链所提供的数据，农民与代理商都将能够根据销售数据进行供应调整，从而在尽早预判市场状况的情况下，减少“供大于求”与农产品浪费的情况发生。

如此一来，农民能够获得更公平的报酬，消费者能够获得更安全的食品，仅此两项，区块链下的智能生态农业落地前景就已十分诱人。

9

区块链+贸易：供需透明实现更精准、更自由的买与卖

网络技术的不断发展引发了零售业的全面革命：技术进步打破了零售市场的时空界限，网络商店开始代替实体店面，而人们的购物方式则由“现场采买”转变成了“随时随地网络购物”。随着区块链技术的不断发展，贸易业又将再一次面临新的变革：这次变革不仅改变了大家的消费习惯，同时也将经销商的经营费用大大降低，同时更有可能重塑业态结构与生态圈，并对线上服务、线下体验以及现代物流进行深度融合。

9.1　区块链在贸易业发展中的四大机遇

当你在商场购物时，你信任的是商场的零售系统，而基于区块链的分散式销售设施则是通过技术手段改变这种传统信任模式的，它将彻底变革我们的购物方式以及我们所购买的产品，在赋予消费者更多权利的同时，还将帮助他们更多地了解自己将要购买的产品信息、产地信息。

可以说，区块链进军贸易业，意味着一场即将影响世界零售业与生产业的革命即将打响。虽然这项新技术想要完全融入贸易业与生产业还需要几年甚至更长时间，但在未来，贸易业将出现下列变革。

重塑网络买卖信任

互联网的确改变了我们的生活，但它同时也带来了信息与隐私泄露等问题。

你很有可能遇到这样的情境：昨天刚在某电商平台下单买了装修用的东西，今天便接到装修公司打来的电话；下单买了一双鞋，使用了信用卡支付，随后就有人打电话来声称产品缺货，更发来网址，让你点击退货，并给予不错的补偿。小利诱惑之下，你点击了该网站，一分钟后，收到了信用卡被盗刷至最高额度的信息。

在此类事件中，最关键的一点在于，你根本没有向其他人透露过自己的相关信息，那唯一的信息泄露渠道肯定就是购物平台了。

近年来，内部数据外泄在国内电商时有发生，几大电商平台无一例外，都曾出现过此类问题：有些是内部人员通过职务便利，掌握了用户姓名、电话、地址、下单时间、所购货物等信息，并将之外售；有些则是电商自身技术存在漏洞，被黑客戳中软肋，盗走数据，甚至由此进入一些金融账户，直接将资金转走。

黑客、数据泄露、信用卡诈骗计划，以及一些客户不愿意在线共享机密数据引发的危机频繁出现，而区块链可能是恢复网络买卖信任的最佳解决方法。

区块链记录链上所发生的交易时，是不依赖于交易参与者的，这就意味着，不管是银行/信用卡公司，还是零售商、履行设施、托运人或购物者，都不会保留你的交易收据。在交易的过程中，有一个安全、共享的数据提供给所有人使用，这消除了任何一个交易参与者都有可能暴露你的敏感信息的担忧。

◪ 提升贸易业透明度

区块链的共享数据也将显著地影响供应链。由于区块链是一种分布式的存储技术，这使得在链上造假变得非常困难。

其实，这也是区块链会有这么大的技术价值的原因：如图 9－1 所展示的那样，区块链使供应链中的每一次合法接触都有可能被添加到链上，成为可验证的记录。

图 9－1　区块链式供应链上的添加记录者

如果你是一位关心消费产品来源的消费者，区块链可以推动平台验证你所购买的产品是不是正品，比如，你想知道自己购买的爱马仕、古奇、路易·威登的包是不是“正版”，或者自己收到的钻石是真的钻石还是只是极难辨别的莫桑石，只需要上区块链查一下就能知道。

受益者绝非只有消费者。假冒伪劣产品造成的是“共失”：消费者失去了金钱，而零售商失去的是顾客对它们的忠诚度，合法制造商则遭受了声誉与销售损失的双重打击。如图 9－2 所示，区块链技术能够为交易中的每一个参与者提供公平的竞争环境。

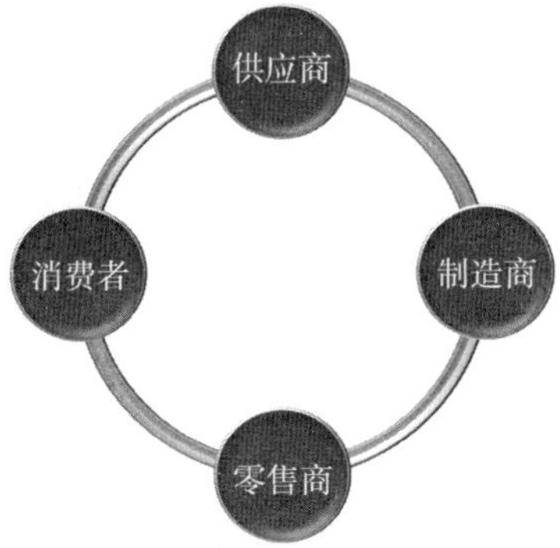

图 9－2　参与者都将得到公平的竞争环境

可以说，眼下有很多创业公司与软件解决方案都是针对这些不同的用例进行的，因此，它也将是区块链改变贸易业最大的一个领域。

降低贸易业整体成本

在当下的贸易环境中，很多人力、物力资源被浪费在实际填充的订单、库存管理以及货物运输和交付上。分散式区块链技术可以极大地改善这种情况。由于各方间的所有通信都是直接、即时的，退货、退款和更换订单就变得简单起来。

更重要的是，它将有效地保存你的服务合同。当我们从网上购买了一台彩电时，很多人并不会意识到它的保修单、购买凭证等证明文件有多么重要，因此，他们也不会有意识地将这些文件保存下来；但当彩电突然出现问题需要调换时，这些证明文件却是退货、保修等后续服务展开的重要依据。而出于资源成本的考虑，卖方、物流方更不会保存这些文件。

借助于区块链技术，每一个交易方都能够在需要时立即访问某一产品的数字购买证明。这使客户的忠诚度大大增加，同时也提高了保修与服务的效率。以往贸易业销量低迷的“售后服务延期”，未来也将有望大大提升。当你知道自己的产品可以以更低的成本保修十年，而它又极有可能出现问题时，你当然会选择购买它。

在了解了区块链对贸易业所带来的改变后，我们可以这样说，虽然该技术还未成熟到可大规模广泛应用的程度，但其在未来将能够帮助交易各方建立一个无缝信息网络。全球范围内的“区块链 + 贸易”探索项目正在如火如荼地展开。

9.2 人工智能 + 新零售：让买卖建立在精准化基础上

两项高科技在新零售体验中的应用，也将进一步推动购物体验的不断提升，而这将会大大提高用户的使用黏性。

想象一下，在未来某个奇妙的平行世界里，奥黛丽·赫本和玛丽莲·梦露同时走进一家时装店。

这家店会自动实现个性化推荐，引导她们关注符合个人风格与品位的单品，两人从进门开始，便会被引导着按不同的路线逛完整家店。而且，就算是相同的衣服，在她们试穿时，也会有不同的介绍方式，以适应两人不同的文化程度与关注点，并且根据她们不同的反馈做出关联式推荐。

但在现实中，99% 的零售店铺会为这两位女性提供完全一样的服务，因为在传统的零售市场分类里，按照年龄（仅相差 3 岁）、职业类型、事业成就和收入规模，她们都应当归入同一类人群，即高收入、高价值、高时尚品位女性客群。

可就像我们知道的那样，这两人不管是在性格、体形还是在文化程度、品位偏好上，都相差极大。因此，两人本应被提供截然不同的服装购物体验，而这恰恰是“人工智能 + 区块链”在未来零售体验中所带来的改变。

人工智能 + 区块链 = 优势互补的新技术

近年来，人工智能、区块链作为最火热的新科技，开始在生产和生活中越来越多地应用与落地，这也使人们开始探索“人工智能 + 区块链”的发展新方向。目前来看，区块链与人工智能实现共存将会产生毋庸置疑的巨大作用。

◆ 区块链与人工智能合作空间较大

从技术本身来看，区块链和人工智能是两种截然不同的技术，但两者之间的关联也是非常明显的。

区块链是新型的分布式数据库技术，它可以让数据市场变得更加公平，而现代社会背景下，最大的不公平就是，人们容易忽视一些少数派，但机器学习的过程中，最需要的恰恰是这些少数派所拥有的数据。若将机器学习的精准率从 95% 提高到 99%，未来，人工智能化的水平便会出现质的飞跃。因此，决定人工智能发展水平的并不是机器已经学习过的数据，而是与之前学习的内容完全不一样的数据。区块链所提供的海量真实数据，恰恰将创造无限的可能性。

因此，仅在“数据”一块，区块链和人工智能的合作空间便非常广阔。在未来，区块链技术将能够解决 AI 应用中“数据可信度”的问题，而有了区块链技术的加持，AI 也可以更聚焦于算法的提升。

未来，在数据领域，AI 能够与区块链在以下两方面结合：①从应用层面入手，两者各司其职，AI 负责自动化的业务处理和智能化的决策，区块链负责在数据层提供可信数据；②从数据层入手，两者相互渗透、相互丰富，区块链中的智能合约实际上也是一段实现某种算法的代码，既然是算法，AI 便能植入其中，帮助区块链智能合约更加智能。

更重要的是，未来经过训练的 AI 一旦存入区块链中，便可以确保 AI 系统不被篡改，这将大大降低 AI 应用被攻击的风险。

人工智能 + 区块链 + 零售业 = 科技新零售

从上述观点中我们已经可以看出，“人工智能 + 区块链”的合作可以实现优势互补、相互促进。当这种合作被引入传统零售业，我们会发现，它所带来的改变是震撼性的。

◆ 传统零售业中的三大顽疾

据估算，在 2017 年，全球零售业因为库存不足与库存过剩造成高达 5 000 亿美元的损失。

库存不足，往往会造成客户流失。正如我们都会做的那样：当某家商店的某一商品供应链短缺、出现缺货时，我们便会到别处去寻找该物品，而一旦新的商店带给了我们全新的感受，我们便极有可能转向新的零售商。

库存过剩，则会让零售商与制造商双输，因为他们无法迅速将旧产品销售掉，自然也无法再生产/销售新货，这同样会让他们在竞争激烈的当下失去自身的优势。

以上情况只要没有精准数据做铺垫，便不会消失。零售商、生产商无法优化自身的经营方式，并不是因为该技术不存在，而是因为这些组织使用的解决方案要么已经过时，要么未得到充分利用，因此也不存在一个能够提供足够信息和分析的应用，自然无法为企业提供相应的工具，以查明和修复其经营流程中的致命弱点。

◆ OSA 所做的尝试

如何改善甚至是彻底消除这些问题？国内一项名为 OSA Decentralized（OSA DC）的区块链项目对此做出了尝试。

从图 9－3 中，我们可以观察到各部分体现出来的优势与特点。

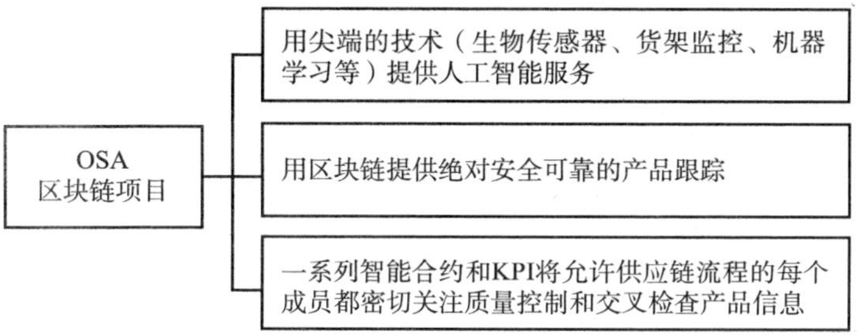

图 9－3　OSA 项目

（1）人工智能

如图 9－4 所示，OSA 平台将人工智能与机器学习过程结合在一起，分析与提供了可靠的数据，零售商和制造商都可以使用这些数据来改进他们的服务。

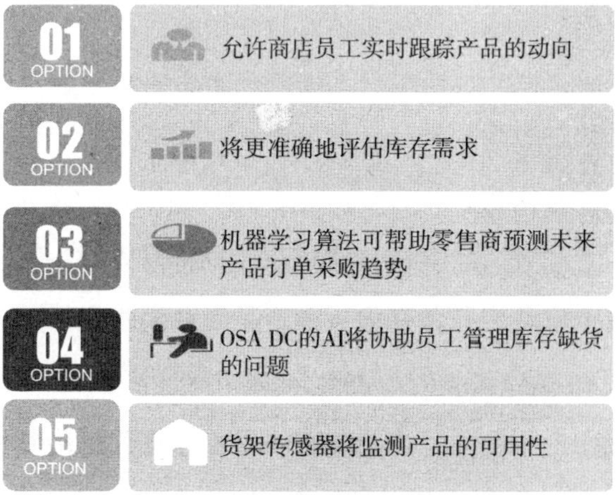

图 9－4　OSA 平台作为数据中心的功能

这一生态系统将大大有利于零售商和制造商——在未来，他们将可以使用这些模块与数据来构建关键绩效指标和业务模型，并依据 OSA 所提供的数据来改进其服务。

（2）区块链将成为 OSA 的生命线

在人工智能自动学习的过程中，区块链技术已成为它的生命线，并发挥图 9-5 中的作用。

图 9-5　区块链在 OSA 中发挥的作用

在 OSA 系统中，配合生物传感器与其他技术，零售商与供应商将比以往任何时候都更关注库存、运输，甚至是关键的处理条件，例如对温度敏感的货物的环境控制，而这些都将有助于实现运输、存储过程中的质量控制与跟踪。

两者结合之下，企业将可以更准确地预测采购趋势，从而彻底解决缺货问题，区块链也将根据产品的具体动向来确定一个更好的框架，实现其运输、库存与销售。

虽然表面上来看，OSA 的这些解决方案都是针对零售商及其生产商的，但消费者也将从中获益良多：当产品库存模式变得更有效时，消费者将随时购买到他们要买的产品。同时，当你多次在该区块链上购买后，人工智能便会不断搜索你的购买信息，并将其上传到区块链上，在你需要的时候作出反应。比如，系统预估你有可能用完了上次购买的洗发水时，它会告诉你相应的促销信息，并推荐恰当的产品给你。

同时，OSA 的客户端允许消费者在许可链上查看产品的相关信息，并向网络提交数据，以及在 OSA 的参与商店中寻找自己最中意的店家来采买。参与得越多，得到的 OSA 代币便越多，而这些代币完全可以用于在某些商店购买产品。

案例点评

人工智能的应用使区块链变得更加准确，同时也实现了零售业的革新。在这种良好的生态环境下展开合作，未来的零售业将变得更简单、高效与低成本，进而实现资源的有效融合，创造出更多的经济与社会价值。

更重要的是，商业的繁荣是包括供应商、零售商与消费者在内的每一个市场主体共同努力的结果，而他们同时也是人工智能与区块链的参与者。每一个参与者都将在新零售的变革中做出贡献，并获得相应的收益。因此，零售终端建设“人工智能 + 区块链”，必然是下一轮浪潮的主题。

9.3 Engine 用超级节点展开汽车销售服务

2018 年年初，《华尔街日报》披露的数据显示，在 2017 年，全球汽车销量首次冲刺 1 亿辆，全球汽车保守估计总量已经超过 13 亿辆。而在此数据之下，全球汽车需求依然强劲。占据全球汽车消费大部分份额的中国，2017 年国内 1 068 家二手车交易市场累计交易二手车 1 240.09万辆，交易金额达到 8 092.72 亿元。二手车市场已经迎来了新黄金十年，市场呈现出史无前例的繁荣景象。

眼下，有关汽车金融、交易、维修、保养等各个细分领域皆是产值万亿级的广阔市场。而立足于自身所筹建的区块链项目，在未来巨大的全球市场空间中，Engine 有望成为推动汽车行业进步与发展的技术先驱。

二手车市场诸多痛点，标准化交易规则迫在眉睫

二手车市场的持续火爆带动了新的市场，但同时也显露出这一行业的诸多弊病，最典型的问题是，二手车的交易与相关服务处于一种严重的信息不对称状态下。为了提高汽车的出售价格或者降低保险费用，车主、二手汽车经销商等皆有可能故意隐瞒相关信息，如车子出过事故属于翻新车，或者发动机大修过，而这样的事情其实并不鲜见。

虽然国际上也有不少像 Carfax 这样的公司专注于提供车辆的历史信息，但数据造假、篡改情况也非常严重。如何提高二手车市场的透明度，打造更公平、透明与合理的二手车市场，是摆在我们面前的一道难题。

眼下，二手汽车经销商/电商平台、服务商、保险公司等机构拥有着汽车维修保养、车况、预估价值等部分信息，但是类似的信息并未被共享。它们本身就是交易中的“运动员”，但又同时充当着“裁判员”的角色，自然身为买方的消费者的权益无法保障。

对普通车主或者二手交易商来说，由于欠缺相关专业能力，再加上本身数据不足，在进行车辆价值评估与车况分析时，既费时又无法得出准确的结论。

图 9-6　二手车市场四大痛点

针对二手车市场建立标准化的交易规则已经迫在眉睫，在数字革命浪潮涌动的契机下，在该市场领域引入区块链概念，已成为二手汽车行业的新出路。

基于 VIN 码，建立全生命周期数据可追溯的汽车档案

2018 年，全球汽车行业第一链“Engine”成立了世界上首个基于区块链的汽车全生命周期数据共享平台。该系统通过去中心化的存储方式，为每辆汽车建立起了无法篡改的数字档案。

Engine 的目标主要有两个：一是致力成为二手车交易、汽车保险、汽车金融等整个产业链条上不可替代的数据服务系统；二是为行业、企业提供标准化的数据服务，打造国家级汽车行业数据标准。

针对二手车市场的现存痛点，Engine 的汽车数据共享平台能够提供图 9－7 中细分领域内的公有链服务。

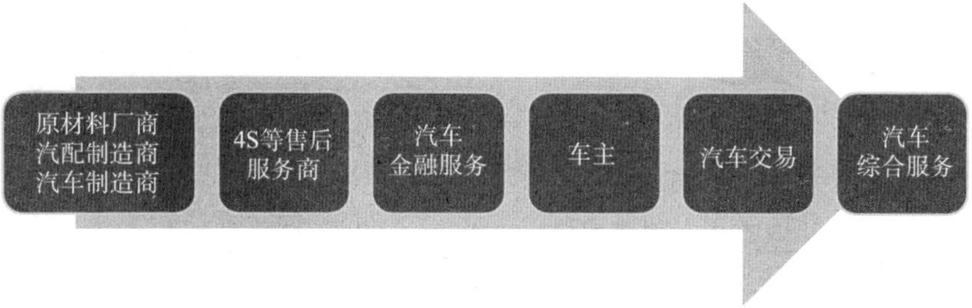

图 9－7　Engine 应用场景

汽车数据可分为前装数据（车辆出厂时信息）与后装数据（车辆使用期间数据）。前者主要来自厂家的各式传感器，约 173 项；后者主要来自汽车硬件厂商和金融服务商，约 120 项。由于与大型前装数据提供商不断地组建合作联盟，因此，丰富的前装数据是 Engine 区块链项目的优势所在。

在具体的数据生成与采集上，Engine 基于汽车的 VIN 码（Vehicle Identification Number，车辆识别码）构建起了汽车全生命周期数据。所

谓 VIN 码，指的是汽车生产下线之后的首个信息源。当车辆被消费者购买后，Engine 会根据使用环节的数据对 VIN 码进行补充。可以说，VIN 码便是一辆车的身份证号码，承载了图 9-8 中的信息。

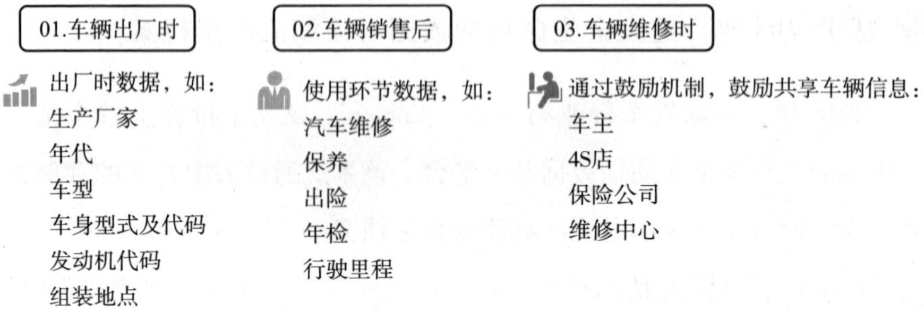

图 9-8　车辆 VIN 码所承载的信息

通过将图 9-8 中的信息补入 VIN 码，将之映射到车上，便可使查阅者充分了解该车辆完整汽车全生命周期全部数据。

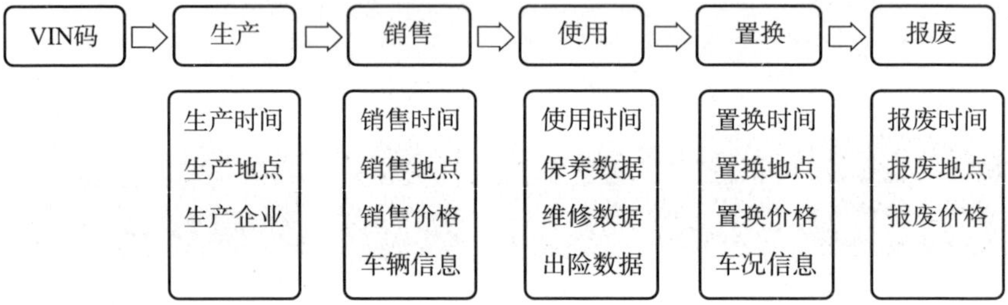

图 9-9　Engine 操作下，完整的汽车生命周期全数据

对于那些已经在市场上流通的二手车，Engine 则尝试通过与众多业内知名汽车交易平台、二手车经销商合作，来达成数据采购协议。2018 年，仅在中国，该项目便计划与 1 000 家二手车经销商达成采购协议，以成为国内最权威的汽车行业全产业链综合数据提供商与服务商。

通过为每辆汽车建立不可篡改的终身数字档案，可为用户提供汽车数据查询、车况跟踪、价值评估、汽车金融等细分领域的公有链服务，消除汽车产业信息不对称痛点。

有效平台与基本结构，保障数据安全、不可篡改

有效的激励机制是鼓励各方积极参与数据上传的关键，在这方面，Engine 采用的是代币 Token：车主、4S 店、保险公司、维修中心等，都可以通过质押 Token 上传数据；Engine 平台会根据各方数据做交叉验证，筛选出可用与可靠的数据；贡献数据者可获得 Token，上传假数据者将被扣除 Token；同时，二手车买家、交易商和服务商也可以用 Token 获取数据查询和使用权，相应数据上传方会因此获得 Token。

在底层公链结构上，Engine 采用的是公链 + 多侧链的链群结构：Engine 将为厂商、维修商、金融服务商等汽车行业不同的环节设计相应的侧链，侧链采用私有链的方式保证数据所有权，但数据需要受到公链审计，形成哈希值存在公链上，以保证不可篡改。换言之，公链上存储汽车的摘要，详细信息存在侧链上，数据上传方可以授权购买方查看。

与 Engine 对标的是美国的车辆历史信息提供商 Carfax，后者拥有超过 60 亿条历史数据记录，在 Carfax 的网站上，使用者只需要输入汽车 VIN 码即可查询相关记录。与该网站不同的是，Engine 的区块链项目使数据的上传和流转去中心化，免去了平台的信任成本。

案例点评

在汽车领域，与大数据采集伴生的主要矛盾是“如何保障数据真实性”，而区块链的“去中心化”“不可更改性”的技术逻辑则刚好完美地解决了这一矛盾。在 Engine 研发的公有链创新技术的助力下，信息查询服务、二手车交易服务、汽车评估与估值服务、汽车金融车辆征信将不再是难题，“泡水车、事故车、调表车”的陷阱也将不复存在。

更重要的是，Engine 在现有海量真实的汽车交易成交信息的基础上，运用了特殊的“神经网络算法”，拟合出不同汽车实时、动态的价格信息，形成一套行之有效、公开透明的汽车价值评估体系，而这一技

术的使用，将有可能促进二手车这一“非标准化”的产品拥有标准化的定价——若这一价值评估体系在二手行业中形成了引导性作用，那么，整个二手交易市场都将发生根本性的变革。

9.4 致力于自由交易的 INS 生态系统

眼下，全球消费品市场正在快速增长中，根据一项持久性的市场研究，截至 2020 年，这一快速增长的市场总量将高达 8.5 万亿美元，而在线消费品市场总量将达 3 000 亿美元。

不过，一个巨大的鸿沟使生产商与买家分开了：零售商依然在按照 10 年前甚至是 20 年前的原则运作。游戏规则由批发和零售等中间人决定，这些中间人的数量远不及消费者与供应商，但很显然，他们几乎控制了整个市场，同时也促进了自由贸易市场的形成。

传统零售模式中，中间商才是最大赢利者

由批发商与零售商所控制的零售市场显得效率极其低下：买家不得不以高于平均价格 30%~50% 的价格购买产品；生产商则无法正确地跟踪供应链，并获得有用的反馈。可以说，中间商的存在是货物运输、销售远超出成本的关键所在。

因为零售商、批发商的存在，“从生产到生活”变成了一个漫长而坎坷的过程。就算在运输、生产业都极其发达的美国，产品从供应商的工厂出发，到真正摆上超市货架，也要走过将近 5 000 里的路程。

在英国，沃尔玛、家乐福与乐购三家大型杂货零售商控制着高达 76% 的市场，这些中间商使商品的主要成本增加了高达 50%，同时还将其费用增加到了最终售价中。

根据现有市场调查，在全球范围内的零售连锁店中，几乎都存在这样的现象：30% 左右的商品是因为错配而导致了损失，而零售商则会在

销售过程中提价，以将这部分成本转嫁给买家。

此外，由于市场是由强者主导的，因此，并不是每一个供应商的商品都能够进入超市的货架，这也导致消费者与一部分真正物美价廉的产品失之交臂。

在该交易过程中，这种过时的模式使生产者与卖家都变成了输家，他们不得不浪费时间与金钱，而不是简单地达成交易——因为零售商必须要从中赚取利润。

不过，这种情况有可能在区块链技术的冲击下有所缓解。2017 年，俄罗斯领先的杂货递送服务 Instamart 发起了一项名为 INS 的区块链项目，其目的就是在消费品市场上掀起一场真正的革命。

INS 系统：把产品直接送到消费者手中

INS 生态系统通过智能合约技术，直接将生产商、买家和物流运营商链接在了一起。平台设定了商品的类型、价格与具体的需要，而它的条款对每一个角色都是平等的，因此，哪怕是小生产者，只要产品质量合格，也可以加入该区块链中展示自己的产品。

INS 所代表的是一个成熟的贸易生态系统，消费者与供应商通过智能合约来进行供应和需求的管理。这一系统中删除了零售商、批发商，因此，消费者所支付的产品费用将大大降低。

◆ 消费者

消费者在 INS 系统的帮助下，不仅能够省下 30% 左右的费用，也不需要再浪费时间去购物中心。INS 系统使他们可以通过客户端，更快速、更轻松地从链上的供应商那里订购自己所需要的产品。

一旦消费者下单付费，智能合约便会立即将订单发送给供应商，供应商负责准备货物，并随之将货物交给物流运营商，而物流运营商又将订单交付给买方。在这一过程中，三方都可以对订单信息进行访问，更能跟踪订单的状态与位置。

◆ 生产商

一旦加入平台，生产商便能够完全对产品的分销走向、具体定价和交付过程进行控制。在区块链的帮助下，他们将省下大笔物流、上市的费用。而且，区块链还可以帮助他们展开与生产、营销相关的预算活动：INS 系统将根据客户的订单，推送预估的生产量，针对这一数据，生产商也可以制定相关的营销预算活动。

截至 2018 年 8 月，正在建设中的 INS 生态系统已经与包括玛氏、荷兰皇家菲仕兰、维利奥和利洁时在内的主要国际生产商签署了合作协议；其他诸如海利斯、强生、卡夫与亨氏等主要生产商，则已经开始接洽相关的合作事项。

案例点评

在零售业中，从大公司到小农场，从生产者到消费者，以 INS 系统为代表的区块链项目为每个人/每一家企业都提供了同样的机会。对那些因为竞争激烈而无法进入大型零售连锁店的小规模生产商来说，这是他们获得发展机会的绝佳契机，而他们的参与，也将大大改善各产品领域中巨头垄断大部分利润的局面。

10

区块链+教育：教育资源分布不均衡情况有望解决

国家明确提出，要“优先发展教育事业”，“办好学前教育、特殊教育和网络教育，普及高中阶段教育，努力让每个孩子都能享有公平而有质量的教育”。由此，网络教育再一次成为社会关注点。

教育资源分布不均衡的问题在全球普遍存在，各教育机构之间无法有效共享资源、信息化成本过高、学员信息过于碎片化等都是阻碍当下线上教育展开与普及的关键。只有实现了跨平台甚至是跨国的优质教育资源共享，学子们才能通过更低成本享受更优教育。而区块链的目的，正是在此基础上实现教育产业的数字化。

10.1 “区块链+教育”搭建学术界的信用体系

我们之前反复说过，区块链能够有效地解决信用问题，但眼下，公众都将区块链单纯地作为一种新技术来看待。的确，区块链有一定的技术属性，可事实上，它的确更像是一套针对信用问题塑造起来的解决方案。

教育领域内，信任多因三大原因建立

在教育体系内，我们对教育者的信任多因以下三大原因建立。

◆ 基于道德与常识

这是指单纯地依靠道德约束来解决信用问题。以最近很火的知识付费来举例，我们在网络上向那些知识大V们购买知识、课程，由于信息不对称，我们并不知道，这一内容的生产者是否教育背景足够过硬。

但我们之所以在“不知情”的情况下依然选择相信对方，是基于道德与常识上的判断：从常识上来说，没有真本事的人不会站出来卖课，因为肚子里没“货”的人出来“行骗”，很容易会被分辨出来。

在道德基础上，我们因卖课的大V某一种特点——擅长演讲或者擅长解析事件，并通过他在演讲过程中呈现出来的个性，将之美化成了学习的榜样，并因此判断他是一个值得信任的人，会按着我们付出的金钱提供有价值的知识产品。

◆ **基于对知识的信仰**

为什么这些一眼看上去并不会得到什么实惠的内容会卖得这样火？归根结底就在于人们对知识与其代言人的尊重，以及自身想要成为“知识代言人”的渴望。

我们生活在一个相对复杂又瞬息万变的世界里，一不小心，自己就有可能“落伍”。为了减少对未来的不确定感，增加“我正在紧跟时代”的确定感，我们不得不使用各种方法来简化这个复杂的世界。与钻研它的运作规律、学习最新的知识这些方法相比，向所谓的“知识代言人”付费，成了最简单、也最能安慰自己的方法。

◆ **基于一个中心**

机构一直是信任的来源，在教育上，我们一直认为“大学”是值得信赖的知识品牌，一个不知名大学的毕业生，在刚踏入社会时被认可的概率远低于清华、北大两所大学的学生。

不可否认，我们中的绝大多数人都认可这样的观点：学习与文凭是非常重要的，我们通过自主学习所能学习到的知识和能力，哪怕已内化成技能，也很难有效量化，必须要花费时间去验证。最典型的代表行为就是，企业在招聘时，会更倾向选择那些由国家、政策承认学历的“985”“211”学子们——在传统教育信任中，一个强大的中心背书非常重要。

可是，当区块链出现以后，世界上出现了一种新的信用体系基石——算法。而算法有一个特性：不管时间、地点，只需要输入、确定，经过算法输出就一定能确定。这就是算法的一致性的基本定义。

在教育领域，区块链也正是基于算法特性建立起了新的信用体系。

区块链所带来的教育界三大改变

作为一种崭新的信用体系，区块链将为教育界带来三大改变。

◆ **公平、可信**

在教育领域，不管是身份（资质）认证，还是档案管理，这些问题都是客观存在的，对于这些物理性的客观存在，传统方式中依据有公信力的第三方担当信任背书，但学历造假、信用缺失等问题依然存在。

有些学生在求职面试过程中会大幅包装自己的教育水平，比如伪造获奖经历，更有甚者还伪造学位证等证件，可对于这一切，用人单位可查证的渠道极少，最终给用人单位造成了损失。

而在区块链技术下，这种欺骗行为将没有再操作的空间：区块链技术可以保证所有数据的完整性、永久性与不可更改性，数据的不可更改意味着个人在教育链上的轨迹变得清晰可见，未来造假的难度将大大提高——教育资历与过程数据化使虚假无所遁形。

这将有效打破信息的不对称，让个人教育信息和教育成果变得透明和真实可信，从而有效解决教育行业在存证、追踪、关联、回溯等方面的难点和痛点。

更重要的是，未来区块链还将有机会运用于促进公益教育发展，实时追溯教育资金去向，实现教育捐赠规范透明等应用。

◆ **安全、稳定**

若区块链的数据化实现了公平、可信，那么，它的智能合约便实现了安全、稳定。

眼下，全球范围内的教育、学术界，知识产权保护都有缺陷。仅拿我国来说，早已习惯了免费模式的民众，对于数据化后的教育资源版权保护根本毫不在意，这导致了知识领域的“抄袭易，维权难”。

智能合约的存在，将有助于解决当下数字资源版权保护的问题。

相比于普通的数字化的合约，区块链的智能合约因其数据不可篡改性，为学术成果、知识内容提供了不可篡改的数字化证明，这种数字化证明能够有效地与已有应用实现无缝整合，为每一个文字、图片、音频、视频加盖唯一的时间戳身份证明，同时结合其他方式交叉验证，从根本上保障数据的完整性、一致性。

这大大降低了合约被篡改一类的道德风险，抑或是被黑客攻击的技术风险，在保护知识产权的同时，也保障了教育资源的稳定发展。

◆ **高效、低廉**

传统教育中，“封闭办学”是一种普遍现象，即学生的技能信息、知识体系未与用人企业的技能需求、市场趋势保持信息对称。如何帮助教育行业提高就业效率，成为当下教育领域最受关注的话题。

目前，区块链技术应用在这方面存在着较大可想象空间：①支付方面，区块链可以利用去中心化特性，摒弃中转银行角色，实现点到点快速且低成本的知识版权购买、教育资源的跨境支付；②在教育资源共享方面，利用分布式账本技术实现用户与资源间的直接联系，能够简化操作流程，提高资源共享效率，以此来促进教育资源的开放共享，解决资源孤岛问题；③在教育资源交易方面，利用去中心化特性剔除交易中介平台，实现消费者与资源的点对点对接，从而减少费用支出。

同时，区块链还可用于激励教师创作和分享、促进学习行为数据收集、提高人才档案管理效率等。

通过一系列的操作，在区块链的帮助下，教育平台的操作流程将有机会大大优化，进而打造出高效、低廉的教育平台。

互联网对教育领域的改革是缓慢而困难的，这是由其高度专业化与制度化的特点所决定的。眼下，版权保护意识的增强与移动互联网的快速发展，使得教育与知识付费越来越火热。

不过，很显然，与互联网和其他新事物的结合一样，互联网带来了新的生机，也带来了新的困难，而这种困难恰恰可以通过区块链技术的发展得到有效的解决。

现状点评

当前，我国在线教育效果差，且尚未出现巨头企业。在互联网技术已深入各领域的当下，教育界改革之所以滞缓，关键在于其中心化的模式与架构。而区块链去中心化的模式能够解放很多资源，提高优质资源的提供效率。

加上区块链是全球性技术，因此，能更好地实现国内、国外优质教育资源的跨国共享，这也是区块链与教育结合的最明显优势。未来，在线上教育应用场景中，先进的技术还是能够使线上教育达到线下教育的目的。

10.2　FCG：全力推动教育公平

2017 年，熊轩昂成为北京文科状元，在接受采访时，这个刚满 18 岁的孩子针对教育现状发表了自己的看法："像我这种，属于中产阶级家庭的（孩子），衣食无忧，家长也都是知识分子，而且还生在北京这种大城市，所以在教育资源上享受到的这种得天独厚的条件，是很多外地孩子或农村孩子所完全享受不到的。"

"凡有，还要加倍给他，叫他多余；没有的，连他所有的也要夺过来。"教育资源的不公正，使得马太效应变得越来越明显：如果你去过国内欠发达地区就会知道，相比于城市中健全的教育机制、周末丰富的课外培训班，欠发达地区只能保证基本的教学活动顺利展开——"寒门再难出贵子"早已成为不容忽视的事实。

传统在线教育困境重重

其实，互联网技术的出现已经在缓慢地推动着教育领域的改革。只不过，眼下技术条件与环境的限制，使得教育领域的问题一时之间很难有明显缓解。

仅拿国内来说，在2012年左右，国内在线教育兴起，市场一度空前繁荣。有BAT（如百度作业帮、腾讯课堂）巨头斥巨资布局，有知名线下机构（如新东方、学而思）拓展线上业务，也有各路教育领域的大神名师（如91外教、VIPKIDS）披挂上阵加入创业大军。

的确，互联网技术对教育的赋能在一定程度上实现了教育资源跨越时间、空间的共享互通，真正地将优质课程输送到了学生的面前。然而，2017年，一份来自著名咨询机构艾瑞咨询的数据显示，仅在在线语言区域中，用户分布趋势便因经济发展情况而表现出了明显的差异。

由图10-1可见，在线教育受益者主要集中在一、二线城市。

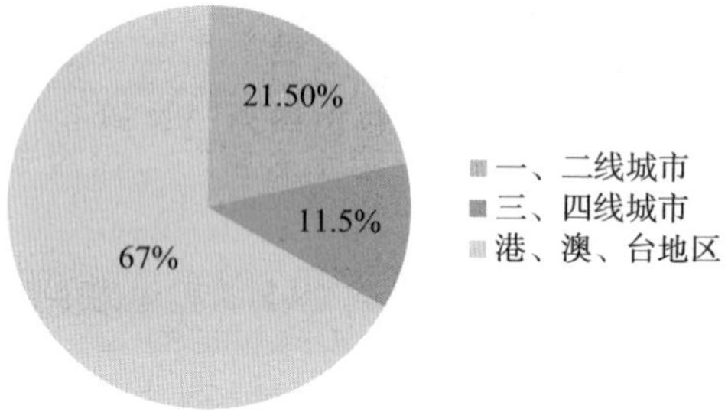

图10-1　2017年在线教育分布情况

与此同时，在线教育因其盈利慢而在近年来逐渐陷入发展窘境。最近两年，多半企业都是在强制性灌注资金，以保持自己在该领域的优势，长期的烧钱模式使它们一步步走入困局。根据2017年9月中央电视台财经频道的报道，一项针对国内400家在线教育企业的调查显示，仅有5%的企业处于盈利状态，其他绝大多数企业都处于亏损状态。

究其原因，主要有以下几个：①成本过高，摆在在线教育面前的，是巨大且无法削减的获客成本、内容成本和技术成本；②高成本之下，多数在线教育无法兼顾优质内容的制作，使得教学效果大受影响，付费转化率与复购率变得极低；③传统的中心化公司多会通过利益成本与股权激励来实现高报酬，但这些激励方式往往无法有效激发教育工作者去追求更优质的内容；而且，现有规则也没有对教育资源的知识产权进行较好的保护，这使得教学质量整体不高、同质化严重。

激烈竞争之下的长期亏损，使一大批在线教育机构不得不放弃这一领域。这对后来的创业者来说，既是挑战，也是机遇。

区块链技术＋教育＝全球优质教育搬运工

区块链技术在其他领域的实践与落地，使教育创业者看到了新的机会：2018 年 4 月，全球首个基于区块链底层技术的教育综合体 FCG（Future Classer Group）教育链正式上线。这是一个集合了美国、澳大利亚、新加坡、中国四国精英的教育团队，而它的目的正是促进全球教育资源的流通，为现代教育中的各方赋能。

为了实现这一目标，FCG 教育链立足图 10－2 中的四个角色，通过下述两大举措，展开了链下资源上链。

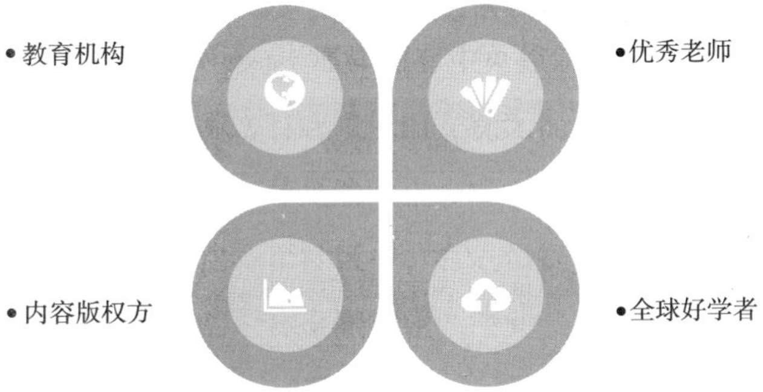

图 10－2　FCG 中的参与角色

教育机构、教师、学生、课程内容经过认证后上链管理，教师与学生背景等档案上链存储，同时，在链上对教师授课内容进行版权确权，由此形成不可篡改数据资源和全新的价值体系。此时，教师的个性化授课内容其实已经形成了可转让的教育数字资产，这种商业化的教育资产终身归属于课程生产者教师，从而有效地保护教师的教学成果。

在保证教育课程资源可靠性上，平台对图 10－3 中的内容进行了数字量化分析，形成数字资产档案全部上链，以严格的标准化流程甄选优质教育内容。

图 10-3 FCG 教育链的上链内容

在区块链技术的基础上，FCG 教育链还致力于构建规范化的教学环境，将优质的教育内容输送到链上的每一个节点，从而使整个教育链成为优秀课程的搬运工。

Token 激励更有利于“寒门”学子

FCG 所采用的是区块链技术下的 Token 激励：不管是机构、老师还是学生，教育链生态中的每个角色参与者都将通过自己的贡献行为获得奖励，这种激励共识将更有利于那些经济条件不佳的学子。

◆ 让学生因学习而获利

它与传统教育模式最大的不同在于，在学习过程中，学生只需要参与课程的学习，就能获得相应的 Token 奖励，而学习的课程越多、时间越长，学生得到的奖励就越多。学生从“付费者”变成了“创利者”，且可以不受时空限制学习到优质的内容，而这将大大缓解他们因学习带来的经济压力。

这一良性学习系统无疑能够极大地促进教育资源的公平分配，使全球每个角落的学生都通过同样的教育资源去学习。

◆ 让老师因优质教学而获利

对教师而言，随着学习课程的学生人次的增加，以及分享频次的增加，教师所获得的 Token 奖励也将增加，这一共识将大大提升教师的授课质量，使他们更乐于去钻研、提升教学技巧，以获得更多学生的关注与分享，从而从整体上促进教育水平的提高。

FCG 所采用的激励模式对寒门学子无疑是一种偏爱。

构建“链上 + 链下”一体化数字教育生态圈

FCG 的目标是构建“链上 + 链下”双引擎，打造出一体化的数字教育生态圈。

◆ 链上与各大平台结合

FCG 正在努力构建“链上”教育平台，在这一名为“SaaS”的智能平台上，FCG 将与各品类教育机构展开合作：FCG 将机构开放 API 接口，并通过智能合约、点对点传输方式构建 FCG 教育小生态，帮助教育机构实现学生的导流；教育机构的加入，也将丰富 FCG 课程内容，使教育资源得到优化，从而促进各小生态的融合，进而构建起 FCG 教育大生态。

在 FCG 的设想中，教育大生态的不断完善将带动各方用户的活跃度不断提高，而作为基本激励举措的 FCG Token 价值也将不断提升，并最终向着“教育行业通用的 Token”这一目标进发。

◆ 链下打造综合体验店

预计到 2020 年，FCG 教育链将在二、三、四线城市铺设多达 3 000 家的综合体验店，以打通链下到链上的通道。

通过链下体验店中的课程展示、Token 应用、授课体验等功能，中小城镇的学子们将意识到链上优质资源的存在和便利性，这将进一步提高他们对线上教育的兴趣，在实现教育资源优化的同时，真正实现教育公平。

案例点评

在 FCG 的设想中，未来的教育品类将不断扩展，从幼童时期到成年、从国内到国外，真正实现“终身教育体系”，进一步构建起完整而公平的数字教育生态圈。

依托于这种设想，我们也可以预见到它对整个教育行业的改革：在“区块链+教育”模式下，教育资源得以用数字化资产的形式上链，进行统一、规范的管理，这将大大加强教育内容知识产权的保护，提高教育资产在市场上的流通效率，从而进一步加快全球高效、安全、可靠的教育资源生态系统建设。

10.3 立志促进全球教育资源共享的“教育链”

眼下，我国教育机构中普遍存在三大现象，即资源分布不均、无法有效共享、信息化成本过高。要想改变教育行业旧相，就必须要解决一个核心痛点：实现优质教育资源与优秀师资在不同机构与平台间的流动与结合。

2018 年，在国家教育部的牵头下，清华大学、浙江大学联合推出了致力于教育机构与平台间资源流通的教育链。

去中心化运营，形成机构间资源流通

其实，早在 2016 年时，高校间强强联合建立起来的区块链在全球范围内就有尝试。

在开风气之先的英美，有剑桥大学、牛津大学、普林斯顿大学、斯坦福大学、麻省理工学院等共计 13 所知名高校开设区块链课程。

在韩国，国内前三的延世大学与另一所知名高校浦项工科大学（POSTECH）签订合作协议，拟建造共享的区块链校园。东国大学与韩国电信服务厂商 Sejong Telecom 合作，设有区块链研究中心。

上述教育链其实多为某一机构内的教育资源向社会共享，而教育机构间的教育资源却并未实现有效流通。

由清华大学主导建成的中国教育链致力于打造全球化的教育公链，以期构建起全球教育资源分布式的共享价值生态。

在教育链的设想中，包括以下三大内容：

一是全球教育资源的价值共享。不管是大学、中学还是小学，抑或是任何教育培训机构与教育资源提供商，都可以将其课程、产品、项目或活动发布至教育链上，实现全球范围内教育资源的价值共享。

二是全球教育传播与营销价值共享。任何教育培训机构安装了教育链的“新媒体智能机”后，便可以成为共享传播和共享营销挖矿节点，从广告播放和营销传播中获利，构成覆盖全球教育相关人群的传播与营销体系；而学生、家长与教师也可以作为个人节点，共同参与到教育共享传播与营销过程中去，获得相应的价值收益。

三是全球教育用户与服务的价值共享。教育链通过“金币兑换商城”，以及建立在其基础上的教育服务应用（好班 APP），对终端用户（学生、家长与教师）提供了多种形式的内容与增值服务。而教育培训机构通过机构间的课程互推与合作，以及对各种来源的课程、产品、项目与活动的分享与推荐，达成教育用户和服务的价值共享，如图 10-4 所示。

图 10-4　教育链重在共享价值

在教育链的运营过程中，充分地体现出了区块链的优势。

◆ 点对点的互信机制

这是一种分布式账本技术，加上本身不可篡改、不可伪造的特点，教育共享生态的参与者之间得以建立起点对点的互信机制。

◆ **通过加密代币实现的价值闭环**

教育链通过自身网内专属加密代币教育币为教育共享者提供了兑现价值，该教育币的持有者同时拥有共享传播资源的使用权，由此形成了价值闭环。智能合约的运用，又确保了教育共享的每一方参与者都能在价值获取与转移过程中实现合规操作。

◆ **将自身构建成区块链平台**

教育链使用的是分层化的结构，这将有效支持数字资产的交易、数据访问与流程控制。在这种情况下，教育链构建起了一个区块链平台，从而为子区块链的建设提供了必要的部件。

如今，教育链的建设已经完成了第一阶段，截至 2017 年年底，已经有超过 7 万家教育培训机构安装了“新媒体智能机”。未来，这一规模还将持续扩大，其“全球性教育公链”的定位指日可待。

去除中心平台，降低运营成本

教育链之所以会受到数以万计的教育培训机构的欢迎与积极参与，关键在于它能有效地降低自身的运营。

当前，我国开放教育资源建设平台众多，不同组织、机构使用不同的资源共享平台，需要投入大量资金保证平台的正常运行和支出维护人员的费用。

区块链分布式账本技术去除了中心运营平台作为中介机构的角色，每位用户都是一个节点，节点与节点之间可以通过点对点的传播方式实现资源共享，从而减少中介运营平台及人工操作等中间环节，节省大量中介资金的投入。

具体来说，在上述区块链项目合作中，皆可看到或预见到运营与维护成本的下降。

◆ **平台维护成本下降**

有关教育部门和平台运营机构可减少在平台开发、建设、管理、维护等方面的人力物力投入，构建开放教育资源自组织管理运营模式，降低管理维护费用的支出，从而减少平台在运营维护方面的资金投入。

◆ **资源审查成本下降**

基于区块链的分布式存储与记录，每个节点的资源信息都可完成自我验证、自我维护与自我管理，不再需要依靠传统中心运营平台的认证审查。构建“个体化”资源审查模式，即各个节点的资源创建者参与资源审查认证，有利于减少在资源审查认证方面的资金投入。

◆ **平台协作成本下降**

各机构平台之间在传播资源的过程中，通过去中心化方式去除了各组织、机构的中心运营平台，可降低因解决跨平台技术难题或提供人力资源等而产生的资金投入，从而减少平台间的协作共享成本。

点对点式运营，促进数字教育资源的共享

成本下降，只是区块链技术引入教育领域后的一个必然。在强强联合的教育资源结合下，教育资源将形成共享、共建的大趋势：基于区块链的分布式账本技术，教育系统可将所有资源存储在各个区块中，利用点对点的传播方式实现资源的上传与下载，解决“资源孤岛”问题。

未来，基于特定的网络共享协议，依靠点对点传播方式形成全球资源信息开放共享数据库，实现全球教育资源无障碍传播是开放教育资源的发展趋势。而基于点对点传播的教育资源共享模式具有如下运行特点。

◆ **去机构化明显**

传统资源共享模式通过中心机构进行传播，所有网络资源依赖资源建设者上传且资源相对独立，比如个体下载学习资源需要跳转到百度文库、中国知网、道客巴巴等网络文库进行下载，而且，只限于此类私营式的电子资源库——如果你没有清华大学的学生证或者教师证，你是根

本无法到清华大学图书馆去查看任何电子资料的。

但在基于区块链技术的点对点网络资源共享模式下，用户与用户之间可以实现直接的资源共享，而不需要类似于百度文库、学校图书馆这样的中介平台机构，在解决了“资源孤岛”问题的同时也可免去部分下载费用，实现资源的免费共享。

◆ **容错性高**

区块链技术将资源上传与下载功能赋予每一个参与的节点，各节点具有相同的网络权利与义务。

在资源共享模式中，网络中的一个或几个节点出错不会影响整个系统的正常运行，不会造成资源的丢失和损害以致影响现有资源状态，能够保证资源共享模式正常运行，具有非常强大的容错性。

◆ **资源共享准确性高**

眼下全球范围内出现的教育链都是联盟链，这就意味着每一个参与者都可以选择是公开还是不公开自己的教育资源。对于只属于机构内共享或者依然处于研究阶段的资源，比如，某一科研项目的经验交流，资源上传者可以利用非对称加密算法中的公开密钥和私有密钥，通过共享私有密钥给某个或某部分节点用户的方式决定资源开放共享的对象，得到私有密钥的用户便可以直接访问和获取对应的教育资源，实现资源共享的有效性和准确性，最大限度地发挥资源自身的应用价值，促进资源的智慧性流转。

去中心化的模式可以解放许多教育资源，提高优质资源的提供效率，加之区块链是一个全球性的技术，它可以更好地促进国内、国外优质教育资源的跨国共享——区块链与教育结合的优势也明显在于此。

案例点评

区块链是技术，而非产品。技术本身为产品提供的就是一种可能性，区块链的诞生和发展，意味着传统教育和互联网教育所面临的一些难题将有机会被解决。

眼下，区块链教育项目多局限于某一国内/机构的教育资源流转，而作为机构间合作的区块链项目，中国教育链的推出意味着不同机构间的教育资源流转将有机会成为现实。唯一遗憾的是，教育链还未设计出有效的激励机制，共享教育资源无法带来有效的激励，参与者的积极性可能会大大降低。不过，在未来，以教育资源匹配引入流量，随后利用红利形成虚拟币生态圈，做二级市场交易或者社交圈消费，必然会是区块链撬动教育领域的一种方式。

10.4 索尼：用区块链打击学历造假

想象一下这些场景：

给你看病的是凭假文凭入行的医生；

在申请工作岗位或者进行学位评定时，你被一位持伪造简历的求职者/求学者淘汰了；

你请来的会计夸大了自己的能力，掩盖了自己曾经犯下严重财务错误的事实，最终导致你的企业在与客户结算时出现了巨大误差；

……

你会不会对这些难以辨认的真相感到崩溃？

遗憾的是，目前这些情况在全球都非常普遍，而如果仅靠互联网技术革新的话，它们极难突破。

幸好，这一切发生在教育领域的欺骗性行为在索尼的努力之下，将有机会无可遁形。

索尼让学习经历链上可查

眼下，一切有关教育证书的验证工作都需要大量第三方来展开。为了保证所雇用人才的质量，各类企业/公司都不得不请专门的机构来做这些工作，否则就必须要自己去做。

但检验、核查一个人的学校是一个相当费力的过程，因为你需要找到学校的联系信息，找到正确的人，而当你想要再次雇用新人时，这个流程你还要再重新做一遍。这种效率低下又成本奇高的无聊工作，中型与大型公司往往将它们交给第三方。

对个人而言，纸质学历的保存与证明也非常麻烦。例如，你参加了导游资格证的考试，在通过测试后，你将获得一份一次性的纸质证书。你可以将证书影印，然后分享给将来的雇主或想要去深造的学校。除了需要进行影印之外，你还必须小心保管这个证书，因为如果在参加重要工作以前发现你的证书丢失或损坏了，要想再得到一份就会很麻烦。丢失证书再补办，不管是对高等人才还是普通大学生而言，都是一件耗时且代价较高的事情。

但是，如果你所参加的教育机构能够颁发一种通过区块链进行检验的数字证书，那么大家的生活就会变得简单很多。这样一来，你将不需要再担心纸质证书，未来的雇主与学校只需要访问该学历区块链就可以看到你的证书。

目前，这种数字证书已经出现。2015 年 10 月，日本电子巨头索尼集团旗下的索尼国际教育宣布，自己将与美国旧金山的软件工程学院霍伯顿学院、区块链公证公司 Bitproof 一起，向霍伯顿学院毕业生颁发以区块链技术为基础的学院证书。学子们在参加过学术水平的测试后，可以授权学校将测试结果分享给一个或者多个第三方评估机构，从而减少后期因证书带来的麻烦，这使霍伯顿学院成为世界上首个利用区块链认证学历证书的学校。

利用区块链来验证学历证书其实是“小事一桩”。眼下人们在认证副本、公证文件、成绩单、合法化与验证方面花费了大量时间与金钱，区块链的发展能够使众多人从这些麻烦中解脱出来。

雇主几乎通过零成本就可以通过学校提供的区块链来验证数据，同时还可以访问与核查有关雇员过往详细的培训信息。

这样的认证对于学生与员工也有极大好处，他们将不需要向学校支付高额的费用以换取成绩单，或者东奔西走地收集各种文件。区块链技术中的证书认证不仅可以应用到个人找工作或企业招聘中，同时还能够应用到诸如申请签证与工作许可上。

使用区块链建立学历证书的过程

如图 10－5 所示，属于你的区块链学历证书会显示你毕业证书上的照片、在线头像，姓名下方有一个不可更改的密钥创建日期及密钥标识等信息。

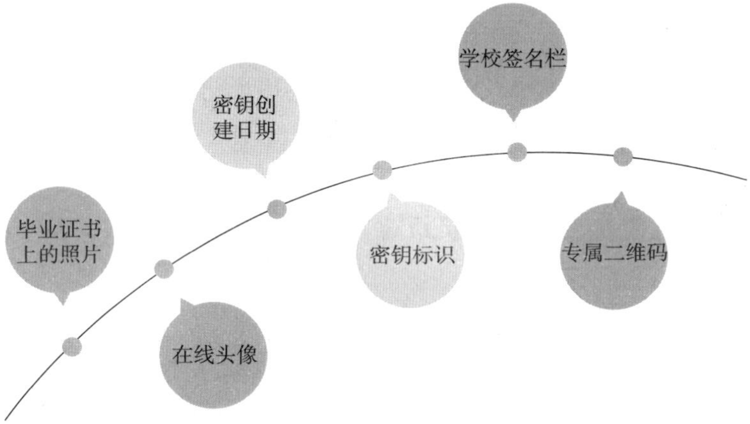

图 10－5　区块链学历证书上的信息

学校创建、个人与企业使用区块链学历证书的过程，大体可分为三步。

◆ 学校建立起以个人姓名命名的区块链证书

学校会在链上记录、管理你在该校就读期间的成绩、所获得学历证书与相关荣誉等。只有提供密钥，才能对账户信息进行修改，否则即便是学历拥有者本人，也只有查看权，没有修改权。

◆ **创建并确认你的个人档案**

学校将你的区块链学历证书和社会网络档案连接起来，证明这是你本人的区块链学历证书，并确认你的个人信息。

◆ **开始使用你的区块链学历证书**

你通过学校提供的客户端，把自己的区块链学历证书共享在你的网页、社交网络档案及名片上，这样人们就可以很容易地在网上找到你，同时，他们也可以验证你所提供的相关学历信息。

区块链学历证书有两个优势：安全、便捷地解决了信息丢失与信息不实的问题；传到链上的信息永远不会丢失，永远不会被恶意篡改。

如果每个人都有一个区块链学历证书，就相当于每个人都拥有了一份完整、独特、记录了一生中每一次学习经历的永久记录。在未来，区块链学历可能不会一下子就将所有的实体学历证明全部连接到一起，却很可能取代毕业证书、技能证书等学历识别工具。

用区块链架起产学合作新桥梁

索尼全球教育对“区块链 + 教育”的设想远未止于学历证明，在该机构看来，发达的区块链底层架构系统将促进学术进展记录，未来，人们可以利用区块链技术来加密传输学生数据，特别是一些与重要考试相关的学生学业水平的统计与测量数据。

若在教育机构间形成联合，进行分布式学习记录与存储，允许任何教育机构和学习组织跨系统和跨平台地记录学习行为和学习结果，并永久保存在区块链上，将形成个体学习信用体系的大数据，这将大大有助于解决教育领域信用体系缺失、教学与就业相脱离两大顽疾。

用人单位在招聘时，能够通过合法渠道合理获取学生的所有学习证据数据，以用于规避欺骗性应聘行为；更能通过这些数据，精确评估应聘者和待招岗位间的匹配度。

此外，这一基于区块链大数据的系统，还是高校开展人才培养质量评估及专业评估的重要依据。立足于此，学校将有机会根据社会需求调整学校的具体授课内容，以更好地实现“学生在校学习到的技能”与“社会用人需求”之间的无缝衔接。以往在大学中常见的“一出校门，知识就过时”，甚至是“在校学习的知识早被时代淘汰”的窘境，将不复存在，学校与企业在人才培养上将实现高效精准合作。

案例点评

尽管“区块链+教育”还处于发展初期，有关该领域的实际落地项目屈指可数，但是我们确实正在迈向教育资源更加数字化和具有更高可核查性的未来，在那里，去中心化和去监管的第三方可以帮助每个人在几秒钟以少许的代价得到重要的信息。

在区块链的帮助下，教育资质的认可将变得简单又便利：企业能够通过区块链快速找到自己想要的人才，而个人不仅能够通过区块链来证明自己的能力，更能让企业与社会认可自己的能力。

11

区块链+医疗：用黑科技搭建多重健康保障

在医疗行业，数字化转型早已成为所有参与者的战略重点。不管是从政府层面，还是制药公司、医疗机构、医疗服务提供商与付款人，都渴望有一个数字化的新体系，能够改善医疗领域存在的多种顽疾。当更低风险、更多回报成为各方的共同目标时，区块链技术所展示出来的黑科技，为这些角色提供了一个看上去更可期的解决方案。

11.1 从减少隐私泄露开始，全面提升医疗安全

互联网给我们的生活带来了极大的便利，不管是自身医疗行为，还是社会医疗交流，都有了长足的进步。不过，这一切在无形中可能带来另一个问题：隐私信息安全。

想象一下：你是一个爱美的女孩，但总感觉自己有些“大小眼”，于是，请假到医疗机构进行了微整容。手术很成功，大家都感觉你变漂亮了，但他们以为是你护理得当，因此纷纷向你请教护理方法，你也乐于大家“误解”。但有一天，你突然接到了陌生人的电话，对方知道你微整了眼睛，同时还知道你有隆胸的想法，眼下，他要向你推荐更好的变美促销活动，问你要不要——你正与朋友聚会，当然会选择立即毫不犹豫地挂掉电话，并因此而震惊：是谁泄露了我的隐私？

因病而至的互联网隐私泄露无时无处不在，而区块链技术能够有效地规避这一问题。

提升网络安全，降低隐私泄露概率

其实，医疗行业有着严格的政策、法规来确保所有医疗数据安全与隐私，但互联网本身的缺陷，导致隐私泄露问题依然严重。

不仅仅是患者，如医院一类的卫生系统、药品与设备制造商都需要更安全、更可靠的生态系统来管理医疗数据，进而提升自身的运营

质量。

特别是对生产医疗设备的科技公司来说，网络安全威胁是一个严峻的问题。在现代医疗中，越来越多的电子设备被用于个性化医疗，但互联网环境下，这种自动化的联网电子设备很容易受到黑客攻击。

2016 年，强生公司便曾警告患者，他们的“One Touch Ping”胰岛素泵存在着一个安全漏洞，黑客可能会利用这一漏洞向胰岛素泵使用者发送错误信息，导致糖尿病患者注射潜在致命的过量胰岛素。

虽然强生公司反复强调，黑客利用这一漏洞的概率非常低，但“One Touch Ping”胰岛素泵的销量依然大大下降。因为这一漏洞，强生公司对该产品的信心也开始下滑。2017 年 11 月，强生高管透露，将放弃对这一产品的革新——毕竟，一旦出现黑客利用漏洞攻击事件，对强生在高科技医疗领域的探索与立足都将形成致命威胁。

此类医疗设备网络安全问题并非偶现，而区块链技术的出现，恰恰可以有效规避此类事件：正如我们所知道的那样，区块链的共识算法中内置了加密技术，这使所有数字事件的记录都能够实现不可篡改。这无疑对医院信息化系统、互联网医疗设备提供了一层额外的安全保护，减少了网络安全威胁。

通过这种新的区块链技术，医疗系统、医疗设备制造商和技术公司都能够在图 11－1 中的四个方面做得更好。

在设备身份管理方面，制定更加安全可靠的策略

促进医疗物联网的应用

改善隐私安全

为患者生成的健康数据提供选择性方向

图 11－1　区块链技术带来的医疗领域改变

除了能够实现更安全的医疗网络环境以外，区块链在医疗领域还将发挥以下作用。

实现健康数据交换和互操作性

不管是对医疗服务提供者、决策制定者，还是对患者来说，改良医疗保健互操作性都极其重要：在医院、制造商、护理院之间形成多医疗IT系统间的无缝数据交换，从而促成不同医疗护理点之间的协作医疗，这是理想的状态——当你刚刚做完阑尾炎手术从手术室转往住院部时，你肯定不希望你的医生混淆你与其他病人的病历。

医疗信息的错误匹配，多源于图11－2呈现的三个方面。

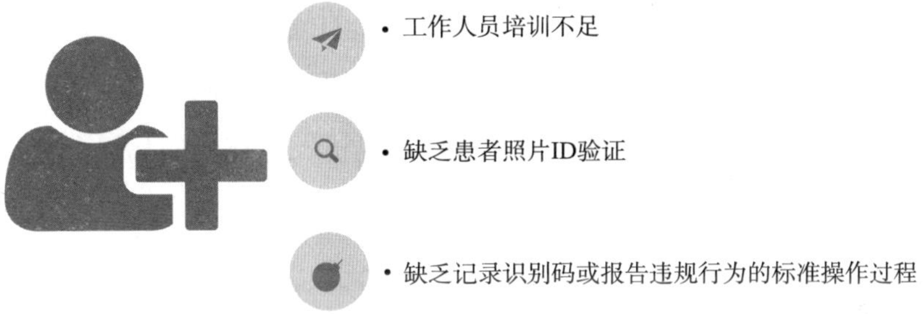

图11－2　造成医疗信息错误匹配的三大原因

真正能够实现交互操作性的医疗生态，绝不仅仅是信息间的交换，更是两个甚至多个系统/实体间相互信任、共担责任的能力。尽管眼下有关电子健康记录/电子医疗记录和数字健康解决方案的应用日渐增多，但缺乏可靠的数字化工作流程导致了不同的医院信息化系统与集中的健康数据管理模式。

区块链技术的特别属性则提供了这样一个工作流程：它之所以可以被不同医疗机构信任，是因为它的“单一的事实来源”确保了健康数据交换的完整性，这使网络安全威胁最小化，而因其建设起来的数据共享平台，更能增加健康数据治理的应用程序。

其中，数据共享平台拥有巨大的发展潜力，如图11-3所示。

图11-3　区块链下数据共享平台的潜力

更重要的是，在现有的医院信息化系统上部署区块链技术，将大大降低因人工导致的失误操作，从而提高管理效率。

让医疗个性化时代更快到来

如果有选择的话，你肯定愿意追踪自己的健康情况，知道医生为什么要给你开某种药，为什么要让你一个小感冒就去验血，感觉头痛了就必须要去做核磁共振——你明明听到医生告诉同样症状的病人，只需要按时作息、好好吃饭就行了。

在当前的医疗环境下，患者们很少能够参与到自己的医疗过程中，事实上，他们也很少能获得个性化的医疗方案、转诊支持，更极少在医院外被实时提醒到时间吃药或者复诊。

不过，区块链技术作为点对点数据共享网络模型的开源工具，将可以通过提前定义的用户访问规则，提供身份管理功能。在这一系统中，医生可以批量管理自己的患者，而患者也将能了解自己的治病过程和健康数据控制，积极参与到治病计划中去。

此外，在不可变的区块链系统上永久存储加密的患者健康数据，能够提供单一化、简单化的患者数据视图，这也将帮助消费者有选择性地分享个人健康数据，当这些数据被用于医疗项目的研究时，患者将直接得到代币奖励，以鼓励患者参与疾病研究的热情。

追求实现更高价值、更低成本的医疗

如今，摆在医疗行业面前的新愿景早已呈现出图 11－4 中的变化。

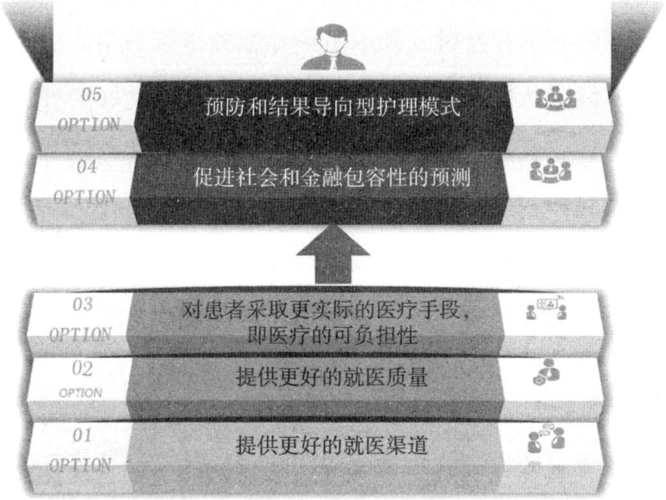

图 11－4　医疗行业的三大愿景发展成了五大愿景

这就导致了“成本”与“效益”之间的矛盾：监管越来越严格，对操作的规范性、服务的高质量要求也越来越严格。而区块链技术有望通过实现医疗工作过程的交易服务自动化，来解锁新的经济优势。

区块链所具备的分布式分类让商业关系变得容易起来，在该技术下，几乎所有与价值相关的交易都在去中心化的基础上实现有效跟踪。若未来成功部署，将提供一种新的可能：实现结果导向型医疗服务与报销模式，并因此一年为整个行业节省多达几十亿美元。

开启更精准的药物开发模式

2018 年夏天，一部名为《我不是药神》的电影在坊间成了热点。影片中瑞典公司研制药品的高成本导致其产品售价也极高，进而引发了“山寨药”在患者间的火爆销售。这并非可谴责的点：制药公司的压力极大，它们一方面要证明自己所生产的药品的价值，另一方面又要维持公司的生存。但因为药品无法达到预期效果，或者患者在服药过程中出现了过大的副作用，每年制药公司都会浪费约3 000亿美元。未来，制药业的改革必然会转向以患者为中心的药品开发模式，并通过靶向治疗来开发药品。

而更精准的药物开发模式预示着医疗服务领域的全面变化，其目的是立足于个人健康状况，将身体与环境/来源的健康数据进行融合，找出更明确的致病因素与更个性化、更有针对性的治疗方案，实现更好的医学探索。

当无数人的健康数据通过区块链技术实现无缝衔接时，将有望推动医疗相关人员间的合作，实现医学创新，促进精准医疗的发展。

现状点评

在医疗领域，区块链技术有着不可替代的潜力，而且它的落地也可以帮助医疗行业解决诸如网络安全、数据互交类迫切问题。更重要的是，未来区块链还将实现医疗行业现有的数字工作流程，并通过新的商业模式来改善不同合作方之间的协调。

虽然区块链并非一个全能的解决方案模式，但因为医疗与我们每一个人的生存质量息息相关，因此，未来该技术的引入、落地都将成为影响个体生活质量的重要因素。

11.2 MedRec：区块链上的电子病历

今日，我们比以往更容易获得有关自身健康的信息。Fitbit 和 Apple Watch 都可以为我们提供实时的健康监测，23andMe 则让患者在家就能做基因检测……随着科技的发展，越来越多的新服务能够实现实时访问、存储自己的医疗信息。

不过，这些医疗信息中最基础的内容依然由医生记录、医院统一保管，而患者的访问权限极其有限，他们也不可能根据健康状况的变化来更新自己的医疗记录。

与此形成鲜明对比的是，越来越多的医疗机构面临着黑客攻击和数据勒索，患者的医疗记录变得比以往任何时候都更不安全，MedRec 试图改进这一现状。

应用区块链技术建成的电子病历系统

这是一个由美国麻省理工学院研究人员组建的区块链项目，它被用于管理使用以太坊区块链的医疗记录。

在 MedRec 的研发团队看来，图 11－5 中的三大原因是限制患者参与病史的最大原因，而这三大原因也同时限制了医疗数据管理领域的技术发展。

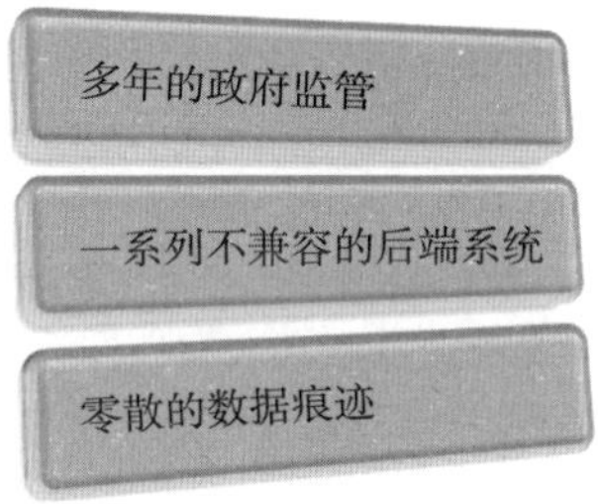

图 11－5　限制患者参与病史的三大原因

而想要创新，就必须要从细节切入，通过个性化的服务和医疗数据推动患者参与其医疗保健。因此，MedRec 团队立足于区块链智能合约功能，为跨医疗机构的医疗保健数据创建起了分散的内容管理系统，同时满足患者、治疗社区和医学研究人员的需求。

MedRec 系统主要用区块链保存、管理电子病历，立足于区块链不可篡改的特点，所有存储在这一系统上的数据都有全面、不可更改的特点：①通过系统，用户可以轻易访问自己的信息；②利用区块链的密钥属性，每个用户都有自己进入系统的专门密码，再加上认证系统、保密系统和问责系统，实现了对用户敏感信息的全面保密；③MedRec 使用的是模块化的系统设计，可以很好地与本地数据库相集成，从而实现互操作性，这使整个系统的操作都更加合理与便利。

立足智能合约，建立不同平台

MedRec 是一个新颖的、分散的记录管理系统。MedRec 中的三大合约如图 11-6 所示。这三个合约的功能各有侧重。

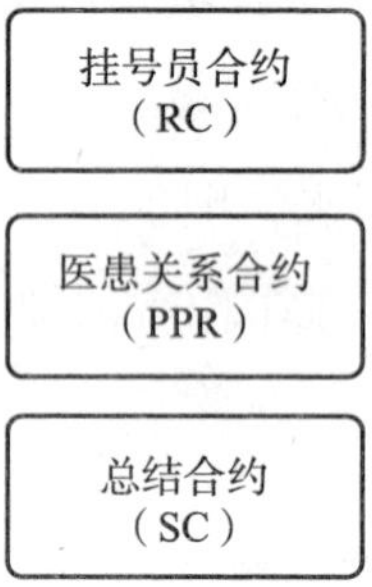

图 11-6　MedRec 中的三大合约

◆ 挂号员合约

该合约负责将患者的身份字符串放到区块链的地址上，相当于公共密钥。

◆ 医患关系合约

该合约定义的是一系列数据指针和关联的访问权限，用于识别由医护人员持有的记录，在该合约中，每一个指针都由一个特定的查询字符串组成，当该字符串被医生改动时，区块链数据库便会通过 MedRec 的以太坊客户端发生修改动作。

◆ 总结合约

患者访问数据库，可以查找自己的病历。数据库中除了有患者个人的医疗数据以外，还设计了特殊的程序，用于记录所有改写或查看该数据库的参与节点。这一程序也使医生、患者和其他参与者之间能够实现良好的数据交互。

可见，MedRec利用了智能合约的公钥加密、来源和数据完整性特点，从而实现了对内部数据的更新。

全面促进医疗数据管理系统的更新

在MedRec的帮助下，患者在A医院的治疗数据会同步到MedRec数据库上，当B医院加入这一项目后，在患者的授权下，B医院的医生便能跟踪、查看患者之前的治疗方案，这些精准数据以更安全的方式实现了共享，同时大大降低了医患双方的人力、时间、资金成本。

这也正是MedRec的最大作用：它能够改变现有医疗信息管理机制，在跨越医生/医院的基础上，使患者快速得到他们所需要的数据，帮助他们在治疗中做出更明智的决定。

◆ 帮助预测疾病走向

通过给患者提供长期可靠的信息记录和内置的数据共享功能，患者可以通过Fitbit、Apple HealthKit、23andMe等软件或功能上传数据，这就使自己的电子健康信息不仅包括了医生提供的数据，同时还有来自生活的数据。从前，医生可能并不知道你在运动或工作状态下的血压、心跳变化；眼下，他们可以通过你的自传数据库看到这些，这无疑能够帮助医生制订更个性化、更有针对性的医疗方案。

患者可以访问自己建立的完整医疗数据记录，并授权给除了主治医生以外的其他人看，比如，提供第二意见的医生、护理人员或家庭成员。

同时，MedRec上的数据还可用于预测、分析。当患者罹患某一可能在孕期发生变化的疾病但又准备怀孕时，她完全可以通过分析自己上传的数据及过往的疾病治疗情况，预测到未来自己备孕过程中病情会有怎样的变化，以便为日后的医疗保健需求做更好的准备。

◆ **实现数据间学习**

MedRec 其实是一个开放型的医疗数据库，未来该项目很可能会将机器学习与数据分析层添加到医疗数据库中，从而通过人工智能的加入，实现医疗系统的自成长。

同时，数据间的互操作性也使数据访问变得更统一，这将方便医生发现有关某一病情的未来变化或者变得更广泛的趋势：当某一地区/国家有关某一传染病的病例增加时，也就预示着该国有可能发生某一药品的紧缺，由此，整个医疗系统甚至是地区安全问题都有可能变得更可预测。

很显然，与传统医疗研究相比，MedRec 系统未来不仅能够保障患者的数据安全，还可以促进更低成本的医疗研究与医疗环境的改善。

案例点评

医疗记录不管是对患者还是对医疗机构都是极其重要的：想要实现更高质量、更适合生存的医疗大环境，就必须要有来自多方面的、能够用于分析的有效患者信息，以便识别公共卫生风险，开发新的解决与治疗方案。而 MedRec 团队正是因为监测到了医疗机构对数据的渴求，才决定展开此区块链项目的研发。

不过，医疗数据的整合并不会在短期内发生大变化，这是一个缓慢的过程，特别是在个人信息恶意暴露事件频繁发生的当下，患者可能对此类匿名公开行为并不接受。但你若不敞开心扉，便没人可以帮你。信息共享是大势所趋，我们每个人都将参与其中、受惠于它。

11.3 医疗保健领域的第一个加密代币

看病难、看病贵其实是一个全球性的问题。

在某知识交流网站上，曾有留学生询问，在美国千万不要怎样，答曰千万不要生病，他给出了在美国治病的经历来佐证观点：他因为病毒感染导致高烧不退，住院两天，除了吃退烧药外，就是做各种检查，两天后，结果出来，确定了病因后进行了一次针对性的抗生素输液，三天的账单总额为 4 万美元，折合人民币约 26 万元。

而在我国，虽然基础疾病的治疗并不会贵得这样离谱，但相关医疗保健问题同样存在，因病致穷的事例屡见不鲜，由此产生的医疗赔付也多存在流程长、细节异常烦琐等问题。

全球医疗行业都存在的三大难题

随着经济发展水平的不断提升，眼下，医疗水平一直在进步，但不管是发展中国家还是发达国家，都面临着三大医疗难题。

◆ 发病率持续上升

发病率特别是重大疾病的发病率持续上升，并且呈现出年轻化发展的趋势。在 2000 年以前，癌症的平均发病年龄为 45 岁左右；但从 2017 年的全球医疗数据来看，最近几年癌症的平均发病年龄已下降到 35 岁，预计到 2025 年，癌症患者将增加一半。

◆ 医疗支出连年增加

据了解，在全球范围内，各国医疗健康的开支都在逐年上涨。导致这一现象的根本原因在于人口老龄化越来越严重，但随着科技的不断升级，医疗相关的器械、药品等越来越贵。

◆ 看病难问题

这一点在发展中国家与欠发达国家表现得尤其突出。整个医疗行业资源的稀缺，特别是核心医疗资源的稀缺，导致了看病难问题，我国国内便存在着三甲医院门的发展庭若市、小医院门可罗雀的现象。

眼下来看，互联网虽然给医疗行业带来了一些改变，但并未从根本上解决以上问题。

Cover US：让普通人用健康数据赚钱

美国一家初创公司 Cover US 对医疗保健领域有一个特别的想法：让人们的健康数据变得有利可图。通过区块链技术所建立起来的数据市场，该公司希望可以有效地降低保险费用，并以此产生收入；同时，利用所产生的数据帮助人们管理自我健康，从而降低自身与整体医疗系统的成本。

其工作原理是这样的：用户可以下载一个数字钱包到他们的手机上，并在上面注册，然后手动将自己的健康数据上传到“电子健康记录”模块中去，同时可以通过穿戴设备与其他健康追踪设备，自动向平台添加数据，并回答与健康状态、消费习惯相关的问题，以此来赚取收入，丰厚自己的数字钱包。

这些数据将被区块链技术收集、总结起来，同时人们可以更多地了解个人医疗信息，进而利用这些信息来赚钱。

◆ 多半用户并不知道个人医疗数据能赚钱

目前，个人医疗数据被人获取并获利达几千亿美元，但我们中的大部分人并不知道这一点。包括 Iqvia、Cinven 及 Veeva 在内的健康数据经纪行业公司，都在购买和出售符合国家不匿名标准的健康数据。它们甚至会收集用户在搜索引擎和健康网站上输入查找的内容。通过这些数据，药物公司可以研发新产品，并基于处方模式，在药品测试阶段，锁定特定的医生与医院。

◆ Cover US 用加密货币购买个人医疗数据

Cover US 计划使用加密货币 Cover Coin 来支付用户在数字钱包中上

传的数据信息，用户通过注册与共享数据生成加密货币，而医疗公司、制药公司等需要支付货币才能查看该用户的数据。

这一将数字交易进行去中心化存储的项目，在最大程度上为用户提供了选择权。没有哪个单一的实体能拥有所有数据，在智能合约的限制下，就算创建了这一渠道的 Cover US 也不能。

只有当数据生成者（即用户本人）选择向外界开放时，这一数据才是可访问的。

在这种互动中，用户主动、持续地添加数据，能够带来三个直接好处：①数据可以抵消一部分用于改善健康与治疗疾病的费用，比如，他们可以在 Cover US 合作的健身房中使用加密货币抵消一部分现金，或者把它们存到一个可以用加密货币兑换成保险计划的健康储蓄账户里；②为自己打造一份全面的病历，为接下来的治疗与健康养护提供更多的帮助；③因为 Cover US 的数据包括了正常生活状态下的各种数据，同时也有患病期间的数据，因此，当病情复杂时，这些全面的数据还能帮助个人获得更好的针对性医疗，比如，在 2017 年，便有患者通过在 Cover US 上传数据得到了更有针对性的专家建议。

这是一种全新的数据经济学，它通过大数据来赋予个人运用医疗数据的权利，并让个人决定是否将之用于未来医疗手段的改进。

Cover Coin 的目的：让所有产出都用于健康项目

Cover US 如今已经落地使用，许多人都开始利用它来获得更好的医疗保健，比如，一位名叫法莎的女性获得与使用 Cover Coin 的经历便展现了普通人可以将 Cover Coin 用于医疗保健的典型过程。

法莎是一名典型的糖尿病患者，所以，雅培糖尿病护理公司对她的健康数据非常感兴趣：①在下载了 Cover US 的数字钱包后，法莎填写了雅培公司的调查问卷，这使她获得了 85 个加密货币 Cover Coin；②当她进一步提供了其家族健康史数据后，又获得了 75 个加密货币；③她还同意参加一个药物检测试验，这又给她带来了150个加密货币；④然后，她按照医生的建议填写了处方，并获得了另外5个加密货币。

现在，法莎已经拥有了315个加密货币，她可以用它们来支付自己需要的健康活动：①她花了120个加密货币办理了健身房的会员；②她还花了50个加密货币打车去看医生。

你可能会想，我们不用加密货币而使用真正的钱，不是一样能支付这些有关健康的各项活动吗？更何况，这些加密货币只能用于健康相关的活动，这不是很荒谬吗？

可是，利用加密货币能够带给你更多的直接好处：它确保了交易在系统中的产出是永远有利于用户的健康的，而不是将它们用于一些无关紧要的事件上。如果你从填写疾病相关数据中获得了代币，却将它花在了香烟或者糖果上，那么，它便无法形成良性循环。这样一来，Cover Coin的健康系统便不会有效率且有利于个人健康，因为就算用户得到了经济上的回报，但他们最终会回到病床上。

而Cover US要鼓励的是：人们通过自己的健康数据获得奖励，并将这种奖励用于促进个人健康。

案例点评

虽然Cover US创建了医疗保健领域内的第一个加密代币，但用户在上传数据的过程中到底能获得多少收益其实并不确定。那些能够引发医学研究人员极大兴趣的特殊患者，可能会从中赚到更多的钱。

不过，这并不能掩盖Cover US的价值：它通过提升医疗系统的效率，让人们尝试着去掌控自己的医疗数据和数据价值。而随着参与用户的增多，未来Cover US也将在努力消除医疗保健领域的财政缺口上走得更远。

12

区块链+传媒：从“炒作为王”到“内容为王”

随着传媒产业的不断发展，越来越多的数字化内容被添加到了这一领域。由于本身拥有无限的扩展性，传媒产业的规模日渐扩大。不过，无限的扩展性虽然使该产业发展得更加迅速，但版权保护、内容创新等问题也成为摆在行业所有人面前的难题；而区块链技术的出现，则可以让传媒产业在快速发展的同时，实现内容为王。

12.1 通过区块链来完成价值重建的传媒界

在诸多对区块链感兴趣的行业中，传媒业是一个较为引人注目的领域，因为这个行业中大部分的弊端都能够依靠区块链解决，且能获得引入新技术的益处。事实上，该行业内的巨头与专家们也正在纷纷为新市场的到来做准备，以迎接新技术带来的冲击与好处。

想判断传媒业是否已经准备好进入下一个发展阶段，我们需要考量的因素有很多，其中最重要的是，包括支付、货币化、合同执行等多方面在内的参与者们是否皆可以通过区块链的透明获益。而在传媒界，决定区块链提升行业价值的关键体现在以下几个方面。

让版税变得开放

随着互联网技术的全面进入，传媒业全面数字化，因此而带来的矛盾却日渐明显：作者创作的分享与传播非常容易，但是想要得到合理的支付却非常困难。仅拿音乐流媒体网站与版权所有者来说，两者间往往极难就大量歌曲的报酬达成协议。因此，眼下市场需要的是能够颠覆版税支付机制的内容。

若在版税领域引入区块链技术，那么，未来文娱资产与其版权所有将可以利用基于区块链的透明账本，然后智能合约能够根据内容的消费（包括流媒体）自动支付版税。

实现创意作品众筹

2017年，区块链创业公司之所以能够在各个行业迅速崛起，成为不可忽视的存在，关键就在于它们成功地利用了众筹。这种模式下，初创公司使用类似于比特币这样的加密货币，来获得组建新企业所需要的资产，未来投资者也将据此来分取利润。

其实，不仅初创公司可以利用区块链展开众筹，创意作品也可以这样做：事实上，在2017年，国际众筹平台Indiegogo刚刚推出自己的ICO平台。因此，未来包括电影、小说、音乐在内的创意作品的ICO很可能会大量出现。

正如我们在之前案例中所提到的那样，基于区块链建立起来的众筹平台可以安全地记录融资交易，且由于它对所有投资者都是透明的，投资者们能够实时地了解自己的钱到底被用在了哪里、产生了什么样的作用。

而当创意资产进入市场、正式销售、消费或获得许可时，智能合约又可以实现自动向版权所有者与投资者付款。

数字广告将变得更具有针对性

虽然眼下数字广告可以有效捕捉目标人群，同时实现个性化展示，但这一生态系统当下低效且不透明。一项麦肯锡咨询公司所提供的数据透露，有40%～70%的广告费都流向了中介。

但在未来，消费者与企业都将因为区块链而受益。仅拿“搜索引擎”这一领域来说，在区块链开放技术的保证下，数字广告供应链将极大改善，广告欺诈将更少出现，提供数据的消费者将被保证，他们搜索、查询后的答案是可靠而有用的；而答案的提供方在确保了不会再受到那些拥有资金的企业的过度影响后，不再会有目的地干扰搜索结果，故意呈现不实、不可靠的答案，他们也将因此获得更多可靠、忠诚的消费者数据。

区块链技术是数字广告革新的一个极佳平台，通过它，数字广告可获得图 12－1 中的三大好处。

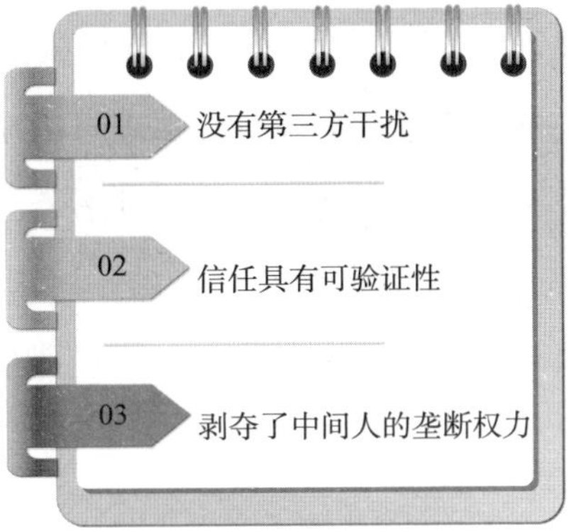

图 12－1　用区块链革新数字广告的好处

可以说，它颠覆了当下的损失模式，也正在为实现一个对消费者与企业都是双赢的未来而不断地努力着。

促进内容的有价值传播

互联网时代的数字技术带来了变革，同时也带来了问题：盗版问题屡禁不止。其实这与数字版权保护的特点密不可分，在互联网，版权是使用数据库来进行处理的，虽然查询速度比文本方式快，但其中的数据可以被篡改，因此在法律上很难被视为有效的电子证据。

盗版行为多来源于合法分销机制中的问题，而区块链技术的引入能使内容实现无障碍的货币化，从而更好地与剽窃者展开竞争。其关键在于，一旦内容上传区块链，包括作者、使用者、版权中心的工作人员及数据库维护者等在内，都将无法篡改。因此，这些数据既可以被当成有效的电子证据，其智能协议还将把“合法用户”与“合法购买”无缝对接，以实现更高效的支付机制，从而减少盗版行为的存在。

现实点评

让内容实现其价值，让创作者享受作品收益，几乎是所有区块链娱乐传媒创业者的共同愿景。眼下，进军这一领域的区块链项目，有的聚焦文字创作，有的谋求IP在泛娱乐产业中的价值变现。在越来越激烈的市场竞争中，我们可以看到，区块链正在进入高峰期。

这种高峰期不管是炒作还是真正的潜力带来的，都应被更谨慎地对待：当我们在下文中提及这些敢尝鲜的传媒、娱乐相关的区块链项目时，我们不仅仅是在讨论“区块链+娱乐传媒”的未来，更是在讨论这一领域中有可能引导颠覆产生的项目。

12.2 亿书：打造区块链式版权保护社区

你是否想过，某日自己在网络上随手发表的一篇小文、一张照片，都能够自动将你标识为作者，并更新信息；而且，你创作的内容每被传播一次，你便有可能收到来自陌生人的奖励或打赏。这看似庞大而梦幻的工程，现在已经有人着手在做。

亿书便是这样一个去中心化的数字出版平台。该平台利用区块链技术，实现了一站式出版、发行，用户可以通过它来开发应用、进行写作或者创意上的协作，展开社交活动，并获得奖励。可以说，它筹建了一个聚合了知识创作、数字出版、电子商务、物联网等全生态化的、有助于作者权益保护的应用平台。

从本质上说，亿书就是一个写作工具，因此，写作功能与版权保护功能是其核心所在，由此衍生出来的去中心化博客、远程管理、自出版等，都是简单的业务逻辑。真正重要与困难的地方在于，亿书如何做到版权保护。

在数字出版领域，版权保护最困难的是取证。互联网时代，谁都能创作，也能够简单地将作品写入区块链，进行拥有权认证。可是在被分享的流通环节，作者本人是没有任何方法来预防盗版的，而且一旦文章、图片等原创内容被篡改，便会给调查取证带来极大困难。

如果单纯地为了防止盗版而设置过多权限，使人们的分享与访问受到限制，那么，互联网“鼓励分享”的意义便不复存在。因此，流通环节的验证与追溯，才是此类区块链产品的核心意义所在。

对于这些难题，亿书提供了自己的解决方案。

利用区块链的加密签名技术和时间维度实现版权保护

很多人都会有这样的疑惑：若自己写的文章被别人先一步传到了区块链，那么，所谓的版权保护岂不是在保护盗版？实际上，若备案功能单一的话，必然会产生这样的问题。区块链是一项技术，它只能处理发生在链上的数据信息。

因此，最好的做法自然是让作者直接在链上工作。当你在链上工作的时候，亿书会忠实地记录你的创作过程中的每一个步骤，不管你做了删减还是增添，抑或只是简单地给文章加了一个小图片，亿书都会给这些步骤生成时间戳。

这便解决了“盗版先上传”的问题：当你创作的每一个步骤都有具体的时间可追溯时，自然有了更多可以检索、验证的条件与信息。

同时，亿书还使用密码技术对作品进行了数字签名，并生成了作品独一无二的数字指纹。这就好比你进入一家图书馆时，图书馆会先验证你的身份，同时你待在馆中的时间里，有 24 小时无间歇的摄像机在记录你的行动，你在什么时间段借阅了哪一本书，都能够在录像中找到踪迹。可信的时间戳加上可验证的作者创作行为步骤，以及真实姓名等信息被一起写入区块链，创作者便能获得其他节点的确认，从而使数据变得可信而不可篡改。

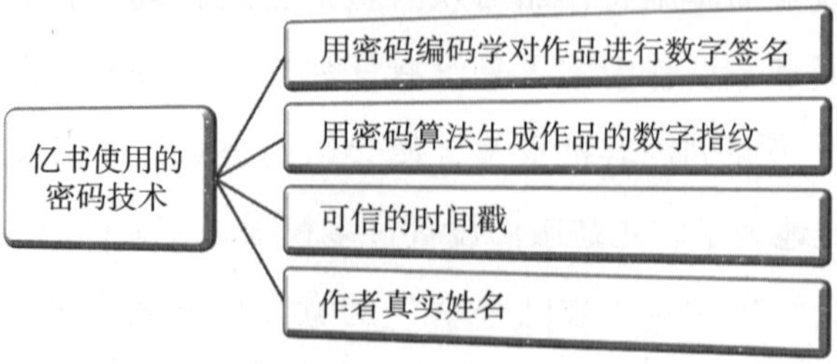

图 12-2 亿书的技术信息

通过新一代加密货币构建的激励体系鼓励分享与合作

亿书的创作初衷是“用行动改变未来，用知识创造财富”，因此，它鼓励分享与合作的基础是社区激励共识机制，实现贡献货币化。具体的操作是，将开发运营工作通过具体的代币进行量化。

为了详细说明这个量化过程与细节，亿书专门在 2016 年 10 月发布了一份绿皮书。该绿皮书内，按照核心团队、贡献者团队、支持社区三个层面，“时间”与“贡献”两个维度展开设计，将“贡献”当成唯一的考量标准，详细地列举了资源分配、开发奖励与运营奖励、终端推广等具体办法与个体能够获得的酬劳。

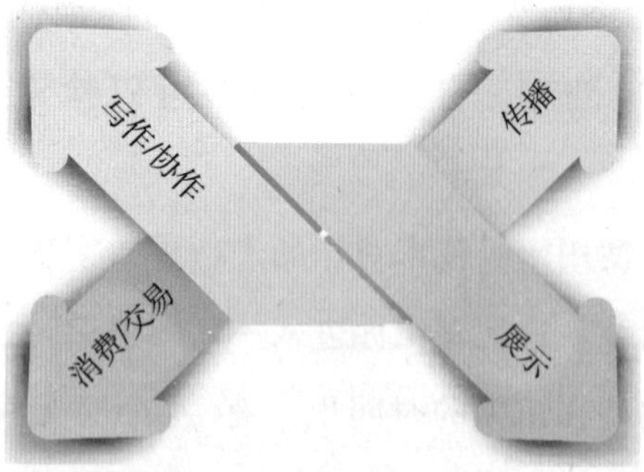

图 12-3 亿书功能

更重要的是，在此份绿皮书中，亿书不仅列举了对创作者、推广者、维护者、开发者进行了代币奖励酬劳的标准，同时还对举报、反馈盗版行为设定了贡献奖励标准，这就使人们更愿意参与到版权保护中来。

利用侧链技术实现第三方开发者无缝集成，开发出各种去中心化的应用

2016年10月，亿书与中文IT社区CSDN达成合作，联手打造区块链知识库。这种合作本身就是基于亿书的出身特点：亿书拥有一流的区块链技术研发团队，积累了大量底层研发技能；同时，它还是国内首家与各大技术社区在区块链技术上进行深度合作的团队，可以为区块链在各个行业的应用提供大量人才培训与可靠的技术支持。

为了完善自己的产品，亿书利用侧链技术，向合作商提供了直接的侧链开发、商业订制等服务，比如：①基于密码技术加密过的原创内容与针对化的推荐，在作者与杂志社、报社、原创图片库、原创自媒体、网站等内容需求者间形成直接联系，促进双方合作；②基于分布式存储，对合作者提供了即时检索、智能提醒等个性化服务；③针对用户覆盖面广的现实，向部分专业用户推出了模块化开发功能，比如适用于律师或法律机构的、专业的调查取证功能。

这种去中心化应用的不断推出与更新，使机构与个人更愿意与亿书形成协作，同时也促使亿书变得更加实用。

案例点评

亿书作为开放式的写作社区，不仅解决了内容分享的版权问题，甚至从内容创作开始，到内容传播，甚至是结集出版，有关写作的内容都会涉及。更重要的是，它利用技术方式提供了一种新的版权保护渠道，使区块链从“分布式记录工具”向着记录版权、保护原创式工具的方向发展。

在这个基于区块链技术分布的开源式社区进行创作，自己写下的每一篇文章、每一句话，所谱的每一首曲、每一个节奏，都会瞬间记入相

应系统，并分布给每一个使用者。这不仅使作品更容易找到目标人群，获得自己应得的智力收入，也会在后来者使用相同事实时，得到“重复记录”或是“与他人作品有重复”的提醒。

12.3 Civil的“理想国”

今日之新闻，就是明日之历史，新闻与历史都追求记录的真实与完整。但近年来，随着新媒体的发展，人人都在现场、人人都是记者，令新闻事件实现了第一时间传播、扩散，但这种新的传播方式也因为发布源头人员的良莠不齐而导致假新闻泛滥成灾。

最典型的例子就是，你肯定在网络上看过某一名人突发疾病死亡的消息。但事实上，第二天，名人自己就会站出来，告诉大家：“我还活着。”如何规避与减少假新闻事件的出现概率？就美国区块链新闻平台Civil的表现来看，区块链的各项特点对新闻传播都将产生重要影响。

读者驱动的新闻生产模式

Civil被视为区块链技术与传媒产业融合的先行者，该平台旨在为新闻业创造一个能够自我运作、摆脱广告与假新闻的自由市场，从而使大众接触到优秀的新闻报道，构建起全新的理想化新闻市场。

如图12-4所示，在Civil平台上，新闻生产模式发生了彻底的变革。

图12-4 Civil带来的变革

这种变革立足于三大功能。

◆ **新闻编辑室**

由读者端驱动，举例来说，当你对“幼童在××公园玩耍时失踪”这一新闻的后续感兴趣时，便可主动使用 Civil 的虚拟货币——CVL 发起新闻主题。

其他人在看到这一主题后，会同样贡献 CVL，以附议此主题，附议者越多，集资金额越大。此时，平台上的所有个体记者或者新闻机构都能出面认领；若有两组以上的人有意跟踪报道这一主题，则形成了竞标模式，最后到底谁来报道，则由参与集资的会员来投票决定。

◆ **新闻台**

由报道端驱动，个体记者或是媒体机构都可以成立一个新闻台，针对单篇报道寻求赞助鼓励，或针对一项大型计划进行募资，形同一个自主提案承揽的平台，完成作品时，平台必须对所有读者公开。

◆ **事实审查服务**

不管是新闻编辑室还是新闻台，所有募集成功的报道都必须要拨出一小笔 CVL，供其他人或专业记者进行事实核查，认领该任务的人可以获得 CVL 报酬，以确保报道成品是准确无误的。

从创新角度看，Civil 平台这种“受众引导新闻生产”模式，的确使新闻生产的关注点发生了图 12-5 中的改变。

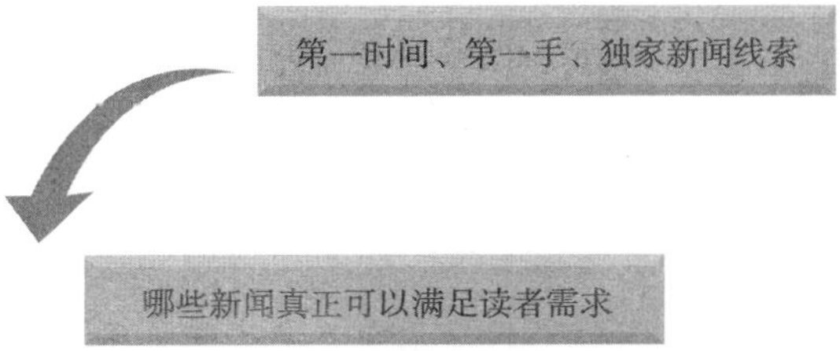

图 12-5　Civil 促使新闻生产改变了关注点

不过，这种模式能否真正促进新闻生产效率的提高，能否推动高质量新闻报道的产生，眼下还无法判断，因为大部分新闻都是偶发、突发或隐蔽事件，而读者往往并不知道这些内容是否具有报道的价值。由此来看，这一模式在未来可能更适用于周期较长的调查报道。

去中心化的高质量新闻体验

衡量新技术对媒介产业影响的一个重要指标，是新技术是否可以带来更丰富、更高质量的内容产品。在 Civil 平台中，区块链的去中心化并非指人人都可成为传播者与新闻生产者；相反，作为平台，它将更依赖于专业传播者和传播机构来产出高质量的内容产品。

该区块链项目与传统新闻传播的不同，具体可以归纳为以下三点。

◆ 从拒绝假新闻开始，重塑新闻业

Civil 平台重建了一种新的报酬流转模式：当读者认可某记者所写的文章，或者想要阅读某一领域的内容时，他可以使用 Civil 的虚拟货币——CVL 来赞助记者。记者根据资金募集的多少，筛选出读者真正感兴趣、想了解的新闻话题，并通过编写、发布文章来从平台获得激励。

◆ 调动新闻工作者的积极性，开创新型合作模式

去中心化的区块链技术使新闻市场摆脱了垄断性媒体的控制，走向真正的公正与客观。Civil 平台提供了一个内容管理系统，这款软件可以把每个人都变成“作者”，发布一些故事与内容。

在这种情况下，记者能够与同事一起，组建新闻编辑室，经营自己的出版物，并且有效地开展版权保护。

而从另一方面来说，人人都能记录就意味着一旦新闻记入 Civil，它便会生成一项永久性的内容。这样一来，便可以有效降低那些不希望事实曝光的人通过金钱左右新闻的可能性。

◆ 明确新闻业的职责，保持独立性

Civil 使新闻从业者专注于选题是否恰当、内容整合是否合适等新

闻生产过程，有关新闻分发、渠道分布、知识产权保护等问题则由平台来解决，这使新闻业真正地回归了“提供信息”的本职工作。

这一以内容为主导的竞争模式，意味着记者必须要产出高质量的内容，才能在该平台上存活下去。所谓的“高质量”，并不是由平台来判断，而是由平台上绝大多数记者与读者的评价标准来判断，这无疑提高了从业者的准入门槛。

案例点评

建立一个“自我维持的”市场，让新闻真正为事实与公众服务，这是 Civil 平台的目的。它尝试围绕着传媒产业的特性展开对新闻领域的全面改革，转变传媒产业的生产方式、产品特点、渠道方式和经营模式，最终，颠覆传媒产业的运营。

不过，要使这些目标最终实现，Civil 就必须吸引大量不同的用户，记者、编辑、普通读者……只有他们频繁地使用平台，平台才能够真正地生存下去。很显然，在这方面，Civil 的设想虽然美好，但它要走的路还很长。

12.4 星节点：让粉丝参与明星的职业生涯建设

在区块链进军娱乐领域时，曾经有人发起过一句口号：“打倒好莱坞!”

为什么会将好莱坞视为攻击对象?

在普通人心目中，好莱坞是美国大片频出的地点，但实际上，好莱坞还是全球时尚、音乐电影产业、顶级娱乐产业汇集区。可以说，好莱坞汇集了全球最具有影响力的娱乐内容与娱乐资源。而打倒好莱坞，其实就是对文娱产业领域内高度垄断组织的颠覆，而这种颠覆反映在区块链概念中，就是去中心化。

国内虽然没有好莱坞一样的文娱中心，但文娱产业内容与资源也集中在以百度、阿里巴巴、腾讯为代表的互联网巨头手中，整个行业还处于传统的集中化、规模化状态下。

由于整个娱乐产业的内容传播都需要媒介，这就形成了以社交平台、门户网站、播放平台等为代表的主导中心。

在这种主导中心的作用下，当前娱乐产业中普遍面临着三大问题，如图 12－6 所示。

图 12－6　娱乐产业中的三大问题

在区块链技术的逻辑下，这些中心介质都将去除，而且不管是歌曲还是小说，在传播的过程中，都将具有真实、可溯源、不可篡改等特性。在国内，将区块链技术应用到泛娱乐产业当中的区块链项目已有不少，Node All-Star（星节点）是其中做得最好的一个。

Node All-Star 是一个基于区块链平台的泛娱乐生态社区，它采用意见共识奖励机制形成通证奖励并回馈给那些对星节点社区生态做出贡献的社区成员。该社区允许成员在生态中使用奖励兑换明星定制化服务、商品等，同时，更沉淀出了一个拥有公信力的明星个人商业价值衡量体系，这使娱乐产业的良性发展有望成为现实。

用数据为粉丝确权

如果你特别喜爱某个明星，那么，这些事情你可能经常会做：明星参与某项比赛时，积极地参与投票；在贴吧留言或特意发帖，宣传明星近期的动向或者展示出来的魅力；在微博对与该明星相关的事情发表评论；特意搜索和浏览与明星有关内容。

以上这些行为都能为明星贡献流量，使明星与其所属的经纪公司收益良多。但你可能也发现了，自己作为主要的贡献者，奉上了自己的热情与金钱，却没有任何收益，你所有的行为与数据都只属于大的平台，不会属于你。

星节点则解决了这一问题：在传统娱乐生态里难以被真实衡量的粉丝态度和意见，在星节点上被当成一种无形资产转移到区块链上。用户的每一个点赞、每一条转发与评论，都将被奖励相应的 Token（即星节点的 NAST 币），NAST 币能够在平台内部流转与使用，比如，购买相应的明星订制服务或产品、兑现平台的演出活动等。

这种对粉丝态度、意见进行确权的改变，使粉丝从传统的被动消费者和使用者转变成了数据的持有者和贡献者。而这很有可能会改变娱乐产业的生产关系：粉丝们可以通过他们有关“态度”“意见”的数据，参与到娱乐产业经济活动中。

$$\text{个人得益} = \frac{\text{自己的贡献额度}}{\text{总粉丝贡献额度}} \times \text{活动总收益}$$

粉丝可以根据上面的等式，从明星或经纪公司在某次活动的收益中获取一定额度的利益。这不仅能带动娱乐产业向着更健康、更透明的方向发展，也会大大提升粉丝的参与度。

形成更有公信力的明星 IP 商业价值衡量体系

传统娱乐产业里，明星 IP 到底具备多少商业价值？这是一项难以实时化、透明化、客观化衡量的内容。在当下的大娱乐时代里，我们可以看到很多“流量小鲜肉”，这些所谓的明星一无演技、二无能力，他们的走红靠的是整体经纪团队的“营销策划”。

这些“明星背后的人”才是娱乐圈真正的“操盘手”，他们甚至能够根据观众的喜好，制造出一个又一个吸引人眼球的爆点新闻，让一些明星借助争议性话题甚至是“骂名”而红得发紫。

可是，一旦运用了有风险的明星 IP，广告主、影视制作人等角色便极有可能损失惨重，进而导致真正的好内容被“流量”压下去。

而星节点社区则通过区块链技术收集粉丝和公众的态度。在用数据掌握了粉丝的意见与态度后，这些数据会被永久保存至一个名为“星际文件”的分布式存储系统中，从而实现数据信息的可溯源、透明及不可篡改。

在数据不可篡改且可溯源的前提下，有需求的投资方可以清晰地看到，明星的火爆到底靠的是演技，还是大批量购买水军参与话题。而这一体系也将给那些有实力但背后无资本支持的无名演员与歌手提供“上台”的机会，在粉丝力量的推动下，他们将拥有更大的见光概率。

由此，平台未来将沉淀出一套独立的 IP 商业价值衡量体系，这一体系更公正、更客观，同时也为投资者、广告商等第三方提供了有效的数据参考。

帮助营销公司提升粉丝变现能力

传统的新媒体营销公司与文娱类公司，就算拥有大批流量，其变现也只能依靠广告、赞助等形式。在这种商业模式下，粉丝数据的价值根本未曾有效利用，这让本来很宝贵的数据变成了不值钱的数据。

通过星节点的区块链技术，传统的变现差、转化率低等问题将有机会得到彻底的改变。在区块链技术下，所有的流量数据——用户社区中的每一个点赞、每一条评论都不再是 PPT 中的单一数字，而是会变成实实在在的价值。

很多新媒体营销公司在策划一档全新的栏目时，由于没有对标、没有依据，拉赞助时往往会碰到极大问题。比如，湖南电视台的《爸爸去哪儿》在创作期间，就曾经遇到了无明星愿意参与、大赞助商不愿意投资的问题。与湖南电视台用“财大气粗、人脉广泛”解决了问题相比，一些普通的新媒体营销公司只能硬着头皮自己垫资进行项目制作，这其中有着很大的风险，很有可能血本无归。

有了星节点平台，问题便会简单很多。新节目/活动可以在平台上展示制作人、制作设想与主创团队，更可列出欲聘请明星名单，并据此展开用户调查或众筹。如此一来，既收集到了真实的用户建议，又可以尽可能地降低活动运营风险。同样，这种运作也可以运用到明星周边产品的生产、制作上。

案例点评

星节点其实是一种对娱乐圈展开的自下而上的改革：它从底层社群与粉丝入手，将粉丝的态度和意见等数据上链，增强了粉丝的话语权与获得权。这种以粉丝为主导、以粉丝意见为共识的体系，使类似于“粉丝团”的组织可以实现更良性的发展，也将使粉丝获益、粉丝变现能力提升。

可以说，星节点在区块链的帮助下，打造了一个更有公信力的明星IP商业价值衡量体系，这一体系不仅能够帮助明星摆脱过于依赖第三方经纪公司的困境，也为粉丝/大众搭建起了参与明星职业生涯建设的桥梁，更解决了新媒体营销公司盈利的难题。这对传统娱乐产业来说，无疑是一个巨大的进步。

13

区块链+物联网：实现真正的物物相联

物联网即互联网与物流行业的结合体，通俗来说，即“物物相连的互联网”。物联网把现实世界数位化，其应用范围也日渐广泛。在物联网上，每个人都能够应用电子标签，将真实的物体上网联结，并能在物联网上查出它们的具体位置。目前来看，物联网与区块链存在着很多天然契合的地方，两者结合，将使双方都获得长足的发展。

13.1 区块链+物联网，解决物联网的四大“顽疾”

在区块链出现以前，或者在与区块链结合以前，物联网一直是个“矛盾的存在”，其发展前景毋庸置疑，但其发展过程中也产生了一系列问题。

四大问题导致物联网发展缓慢

当下物联网想要再次实现几何式增长，主要存在以下四个方面的问题。

◆ **中心控制成本过高**

目前物联网的普遍架构里，存在着这样一种僵化现象：当数据汇总到单一的中心控制系统后，中心服务器在能耗与企业成本支出方面存在着巨大的压力。而且，随着当下终端的低成本不断普及，未来物联网设备将会呈现几何式增长。脆弱的中心与数量庞大且依然在不断增长的基础设备之间的矛盾，未来可能会全面爆发。

◆ **规模扩大导致隐私保护越来越难**

中心化的管理架构最大的问题在于，它无法自证清白，就像淘宝、京东等购物网站一样，不管它们是不是窃取了商家与普通用户的隐私，它们都能够在隐私泄露事件中成为靶子。在用户基数不断增长、隐私保护难度越来越大的情况下，没有什么理性的方式能够帮助这些中心化的架构证明自己是清清白白的。

◆ **增加了个体入网后的被攻击概率**

若不参与物联网，设备或许相安无事；可入网以后，却难免会在中心控制的影响下，被系统性网络攻击所株连。美国一个名为“Botnets of Things”（僵尸物联网）的网站，就曾经被黑客恶意攻击过，超过200万台摄像机等物联网智能私人设备在主人不知情的情况下被动用。

◆ **多主体协同成本过高**

在物联网中，诸如普通私人用户、企业用户的参与者们并未被完全控制，而是在合作的过程中处于被发起方“部分掌控”的状态下。这就引发了合作过程中的协同问题：在发起方看起来整体利益最大化的情况下，未必每一个参与者的利益都能最大化，而那些得益较小的参与者合作度就不会太高，甚至会抗拒合作。

如何让双方更好地参与合作？这是摆在物联网面前的最大问题，当协同成本变得复杂，再加上隐私泄露、设备被攻击的阴影，协同成本则会变得更高。

其实，就如我们之前所说过的那样，有问题就有机会。对于这些问题，区块链恰好有用武之地。

区块链＋物联网＝相互成就＋无限可能

当区块链与物联网相结合，恰好形成了强强联合的局面。

◆ **区块链近乎完美地解决了物联网的问题**

首先，去中心化的架构直接颠覆了物联网旧有的中心架构，这不仅大大减轻了中心计算的压力，更使物联网组织结构拥有了更多可能性，使其得以拥有创新的空间。

其次，区块链对数据的准确记录与一旦上链便不可篡改的特性，也使隐私安全变得有据可循，这将使物联网在遇到安全、隐私类问题时，能够采取更恰当的防御、处理措施。

最后，因为上述两点，物联网的公信力将大大增强，参与者之间的协同将因为信任而变得更容易。

◆ 物联网给了区块链“秀出自己”的场景

国内 IT 企业家马化腾也正在带领腾讯团队筹建区块链项目。马化腾表示，在攻关的过程中才发现，单一地谈区块链是没有意义的，只有将区块链与具体的应用场景链接起来，才能看到它的未来。

作为新兴技术领域，区块链从技术理念到实践落地，也迫切需要这样的落地场景。

区块链在成就物联网的同时，也反过来使用了物联网所提供的场景。在多数商业领域都呈现出中心化特征的情况下，有些区块链项目为了强调区块链在未来的优势，将本无必要去中心化的领域也强行端上了区块链。相比之下，物联网既有去中心化的必要性，其终端设备本身也是分散化的，这无疑为去中心化提供了最佳施展场所。

此外，物联网所采用的 P2P、NAS、CDN 等分布式互联网技术，与区块链在技术层面上也天然亲和，这也使双方的合作必然会相互成就。

现实点评

其实，物联网这一概念几乎是与区块链在同一时期出现的，只是在最近一两年，二者才在技术的发展与进步下，意识到彼此有极大合作空间：一方面，物联网发展壮大后的问题暴露得更加明显，亟待解决；另一方面，区块链所呈现出来的全新思维方式也逐渐被主流商业群体所接受。

如今，区块链 + 物联网已经开启了强强联合的模式，我们可以在下述案例中看到，两者不仅实现了技术上的完美匹配，区块链的介入，也使物联网衍生出了无限的商业可能性。

13.2 Adept系统展示物联网新架构

在全球范围内，许多公司与组织都需要将设备或应用连接起来，以方便收集它们需要的数据。比如，一家卫生组织将传感器安装在水龙头上，以追踪大众洗手的频率，它们期望，未来可以依据这些数据来制定更符合民众生活状态的卫生政策。不过，维护此类架构的成本奇高，因此，除非是有大笔专项资金拨款支持，这样的做法显得缺乏全面推广的可行性。

我们能否借助区块链技术，创建起一个分布式的网络，使网络里的设备彼此通信？蓝色巨人IBM的尝试给了我们答案。

实现数十亿设备自动交互信息的Adept系统

在2015年时，IBM与三星集团联合打造了Adept系统。Adept的全称是“Autonomous decentralized peer-to-peer telemetry”，意为“去中心化的P2P自动遥测系统”，旨在为交易双方提供最优化的安全保障。

Adept展示了将区块链概念真实地落地到物联网以后，会带来怎样的作用：只要一个产品在工厂组装完成以后，生产商便可以将它注册进一个全局性的区块链里，由此来表明一个具体产品的诞生。当这一产品售出后，消费者便能将之再注册进一个局部性的区块链里，比如自己所在的城市区块链。

在Adept系统中，当数十亿个设备自动交互信息时，区块链将发挥分类账簿的作用，而Adept里提前植入的比特币协议有着特别的意义：它可以在Adept作为设备间沟通桥梁时，大大降低运作的成本。

IBM与三星希望Adept能够使物联网中的各种设备实现自动运转。比如，当你家中的智能洗衣机加入了Adept系统以后，一旦洗衣机在运转过程中出现故障，它便会自己发出信号通知维修部门，而维修部门则会根据网络传来的信号分析该情况是否需要上门维修，并据此来决定是否与你联系。

同时，当智能洗衣机的软件有了更新以后，Adept 也会帮助它实现即时自动更新，甚至设备本身就可以通过 Adept 与周边的设备进行沟通，比如，根据衣物的多少与智能控水设备进行协调，决定要洗涤几次、漂洗几次，从而真正地提升设备的利用效率。

而所有这一切的实现，都不需要传统意义上的控制中心去管理与协调。

当下，三星旗下的“W9000 型号”的洗衣机已纳入 Adept 体系，在区块链智能合约的帮助下，该洗衣机可以自动向洗衣液零售商发送订购单，同时还能自动向零售商支付款项。

三层协议，支撑起 Adept 系统

Adept 系统由图 13－1 中的三部分内容构成。

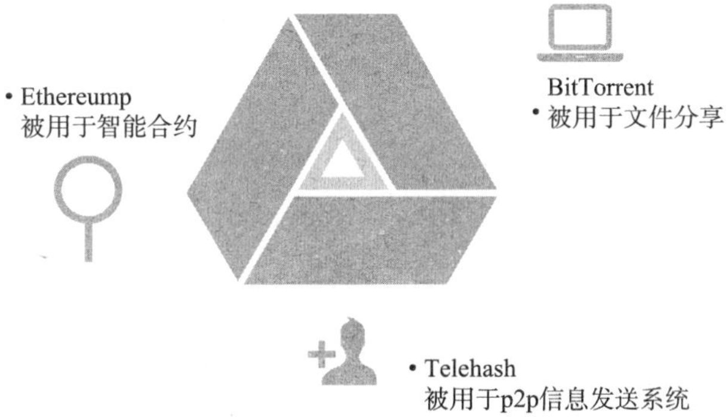

图 13－1　Adept 系统的具体构成

◆ Ethereump 被用于智能合约

这部分专门负责去中心化的文件分享，其美妙之处就在于，它可以被用于多种目的：①它允许数据被存储在不同地方，同时能追踪数据各方之间的关系；②当涉及物联网时，它可让设备了解其他设备的功能，以及不同用户围绕这些设备的指令和权限，即追踪设备之间的关系、用

户和设备之间的关系；③它甚至能在用户同意的情况下设置两个设备间的关系。

这意味着，未来你的智能手机可以安全地用于家里的门锁，或者，当你的朋友临时来住而你不方便随时给他开门时，你可以设置将他的手机与你的门锁暂时交互。这些关系被存储在门锁与手机上，并在需要的时候结合在一起，确保是正确的人进入家里。

在该设置下，设备只需要设置好最高级的权限与更换方式便能出厂，而不需要顾客在出现了问题时再与工厂进行后续的联系，设备的使用者只需要用自己的控制权限的识别码接入就能使用设备，工厂则可以依据出厂时设置好的权限获取数据——两者都不需要上级权限参与。

◆ **Telehash 被用于 p2p 信息发送系统**

Adept 系统除了要帮助区块链理解交易外，还需要实现沟通功能，因此，它使用了 Telehash，这是一款共享分布式信息的私人信息传递协议，你也可以将之理解为“专为设备与应用连接而设计并创建的安全私有网络”。

它非常安全，且能够简单地实现从终端到终端的加密，适合任何应用，而终端的适用性也多种多样：你可以将它用在设备、浏览器或移动应用上。

同时，Telehash 还省去了传统意义上巨大的控制中心的维护费用，设备也可以实现简单稳定的运作。这意味着后期的维护费用可能为零，大大降低了多余的费用消耗。

◆ **BitTorrent 被用于文件分享**

因为连接网络并不会一直很稳定，比如，使用蓝牙设备与终端连接时，很可能发生断线现象，Adept 会使用文件共享协议 BitTorrent 来移动数据，从而保证系统能够更平稳地实现 Adept 的分散化特性。

在上述三部分的协作下，数据会在不同的设备间飞越，然后，根据区块链的规则展开重新组装。

Adept 系统的推出有其必然性

自 2015 年推出后，Adept 系统正在一步步落地成为现实，它能从“设想”真正发展到“改变物联网”的关键原因在于，随着经济的发展、科技的进步，越来越多的智能设备正在进入家庭中。

仅拿国内的小米来说，为了形成有效的智能家电商品链，小米推出了手机、吸尘器、插座、报警器、台灯等一系列可交互的智能设备。人们为了更方便的生活，愿意为这些智能设备付出更多的金钱。

对运营者来说，在智能设备还不普及的时代，单纯追求大量设备与云端交互的物联网实现关联并没有太大意义，而且运营云平台开销太大，特别是对于那些会在家庭存在十年或更长时间的设备。

当你的家中并不存在很多设备与你的洗碗机交互时，构建云计算后端来支持什么时候启动洗碗机似乎并不切合实际，更何况，在过往，以营利为目的的销售数据可能看上去也没有那么美好。

因此，对运营商而言，更积极的方法是，打造一个区块链平台，将智能运作保持在设备级，让其在没有制造商维护的情况下运营。

案例点评

由于运营商可以在出厂时便设置好规则，使网络能够自动遵循某一原则，Adept 物联网技术未来最有可能的走向是在不需要有人管理的情况下，选择在某一专门功能上进行大规模的应用与部署。

Adept 系统很可能会彻底改变物联网的商业模式：在其中，人们分享的并不仅仅是数据，还有自己的生活方式、组织的运营特点。有了 Adept 系统与区块链的结合，设备间可以实现计算机功率、带宽甚至是电力的共享。

13.3 全球首个 DAO 架构平台——Slock.it

在发起项目以前，Slock.it 曾经在网络上发起一项调研，并通过数据发现，有高达66%的参与者期望可以通过分享自己的资产来获得新的收益。在中国，这一数字高达94%，从“闲鱼”“转转”一类二手闲置转卖、租赁平台的火爆就可以看出这一点。

年轻一代的生活哲学正在发生变化，他们不再追求永久拥有，而是希望通过租用过程来享受，然后再根据得益、感受来判断自己是否真的需要买下它。

分享行为一直存在，但分享经济还未发展成规模

在韩剧《请回答 1988》中，展示了一个我们都曾有过的儿时生活：谁家做了好吃的，也会给邻居送一碗，想要用个什么东西，也会相互借着使用，而不会为了临时的使用去买一个新的。这就是分享，只是没有涉及货币与金钱，而是单纯的以物换物。

这种以物换物在我们的生活中也时有发生：你的同学 A 是学 IT 的，对电脑很专业，在买电脑时，你会提前咨询他，而他给你的专业推荐就是分享；当他需要调整房屋布局时，也会听听身为设计师的你的建议，这也是分享。双方都未曾涉及货币与金钱，都没有从推荐品牌的销售中获得利益。

分享行为是社会发展的直接结果：社会发展越来越复杂，逐渐形成了具体分工，专业领域内的信息不对称表现得极其明显。因为时间有限，我们需要快速地做出正确的判断和选择，因此我们需要加快信息的对称处理。

但为什么分享未能形成经济？最大的原因在于，信息传递的速度制约了受众的数量规模，比如找 A 同学推荐电脑的只有零散的几个朋友，他只能是友情帮忙，但如果找他的是 100 个、1 000 个人呢？

数量的增加，会直接导致两个结果：①他肯定忙不过来，再也没有时间去做免费的友情帮助了。②他未来可能会考虑将这一专业优势当成职业，并收取咨询费用或是向厂家要提成；但这样做，他就要荒废自己做 IT 的本职工作。

两个结果，都导致了个人的分享行为无法成为大规模的经济行为。

不过，这种情况在互联网技术不断发展的当下正在不断地发生变化。如今，信息传递的速度已经非常快，受众的范围也在不断地扩充，于是，分享将有机会成为一种经济。德国的区块链初创项目 Slock.it 如今正在开发通用的共享网络，这是一个部署区块链应用程序模块的开源基础架构。在该项目的设想中，共享正在逐渐地成为一种经济模式。

Slock.it：用区块链助力共享经济

Slock.it 成立于 2015 年，该公司的目标是，将以太坊的智能合约平台嵌入多个物联网设备与应用程序中，使任何人都能够不通过中间商，直接出租、出售或者共享任何物品，以此来构建起共享经济的未来基础设备。

值得一提的是，Slock.it 是全球首个 DAO 架构平台，这使它一出世就带有透明、完整、高效、简单的特性。

不仅如此，从 2018 年开始，Slock.it 开始独立研发能够更好配合平台服务的以太坊计算机，这是一种立足于以太坊的微型设备，可以将其看作为用户预装、配置好的迷你家庭服务器，它能运行优化过的以太坊节点及各种去中心化应用，保证用户实现图 13-2 中的两大功能。

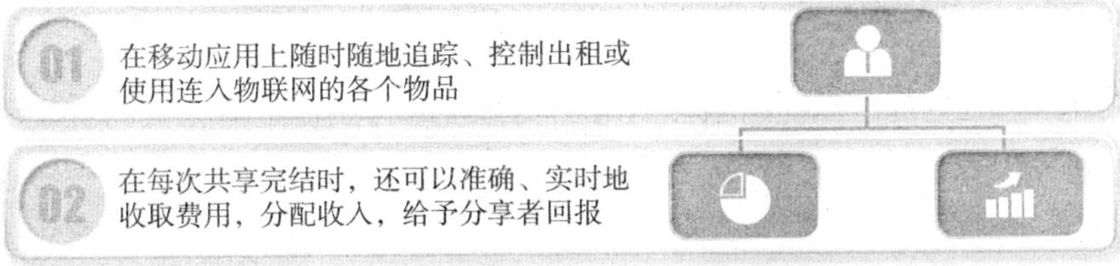

图 13-2　Slock.it 的两大功能

在Slock.it的DAO架构平台上，运作着图13－3中的三大实验性软件。

图13－3　Slock.it上运作的实验性软件

该平台是一个由密码学保证安全的平台，它允许用户完全隐匿自己的身份、资金及其他个人信息，因此具有很强的加密功能，可以确保用户的隐私与数据安全。

如何用区块链＋物联网概念改革共享经济

Slock.it正在使用以太坊区块链，为用户提供一套可移动的桌面应用程序，通过它们，用户能够从世界任何地方找到、定位、租赁和调控由智能合同管理的对象，这些东西包括房地产、汽车、智能设备甚至Wifi路由器等。物品所有者为使用这些设备设定价格以及定义保证金数额，当借用者停止使用该物品时，保证金将会被返还。

◆ 比传统共享更好的共享模式

在传统中心化共享服务中，消费者需要付出的代价往往有两种：①支付给第三方的现金，比如，将物品拿到租赁市场上去卖，你需要给租赁市场一部分提成；②被获取的隐私信息，比如，闲鱼、转转等二手网站，看似免费，但它们的目的本身就是获取与用户生活相关的各类大数据，以使自身的中心化设备变得更智能，推荐与销售商品时更具有针对性。

Slock.it则不同，它赋予了连接的设备一个身份，这使设备本身能够实现支付功能。通过使用这种简化的程序，Slock.it 实现了最小化运营成本，同时也使买卖双方都能够实现无欺诈性交易。

◆ **Slock.it 的主要特点与运作过程**

在 Slock.it 中，我们可以观察到以下特点：①成本有效。由于利用的是公共基础设施，所以不会产生数据中心资本支出。②互操作性。租用汽车的网络同时也可以作为支付车辆停车费或电费的途径。③安全性。在默认情况下，以太坊分散式应用程序或准备系统可以借助公钥/私钥密码，但底层基础设施不会出现任何中心故障。④透明度。通用共享网络依托于公共以太坊区块链，任何人都可以查询。⑤无须许可。开发商和制造商不需要因为使用通用共享网络作为产品单元申请许可。

这些特点意味着，在 Slock.it 的帮助下，你可以将自己暂时空置的公寓、办公空间或者生产设备等未被充分利用的资源拿去出租，而且不需要通过复杂的租赁程序。

而对于想要租赁物品的用户来说，该区块链技术的主要优点在于操作简单，你只需要按着图 13-4 中的步骤，便可使用它。

图 13-4　Slock.it 的简单操作步骤

在这一过程中，链接区块链的钥匙只有一把，即你的智能手机。通过智能手机，你便能完成一切，而不需要注册或者登录，这些都得益于智能安全存储。

这种技术支持在物品与物品之间进行支付，换句话来说，你不再需要付费给第三方，而是可以直接将自己的闲置东西卖给需要的人，这使消费者能够避免使用昂贵的中心化服务器。

案例点评

所有地方都存在着未被充分利用的资产，比如，停放的车辆、暂时不用的停车位、暂时空置的公寓，甚至以后再也不会穿但是九成新的衣服与鞋子。Slock.it 的目的就是，通过以太坊计算机，帮助用户将闲置资产转化成收入。

虽然眼下 Slock.it 依然处于设想状态，但立足于其结构，我们可以设想：今后，我们只需要打开电脑、手机，就能在全球任何地方，轻松地对自己拥有的、出租的或是处于共享状态下的物品进行管理。可以预见，物联网网络中的智能设备将为我们提供更强大的服务体验。

14

区块链中的风险与挑战

在区块链作用下的互联网，将全面从信息互联网转变成价值互联网：从金钱到股票，从身份信息到个人喜好的音乐类型，都可以存储其中。不过，虽然它潜力巨大，但这种价值互联网并非毫无风险。

14.1 区块链平台的落地，需要选对应用场景

虽然我们对多个领域的区块链落地项目进行了评述，但目前还有很多领域尚未引入区块链技术。作为新兴技术，区块链在很多领域的具体运用还缺乏可靠的实践数据与统一的技术标准，这也使得很多人对区块链技术存在着诸多误解，最典型的误解就是，什么领域都能引入区块链技术，都需要去中心化，可事实并非如此。

选对区块链应用场景，需要做好两大认知

要使区块链平台成功落地，需要项目实践者先做好图 14－1 中的两大认知。

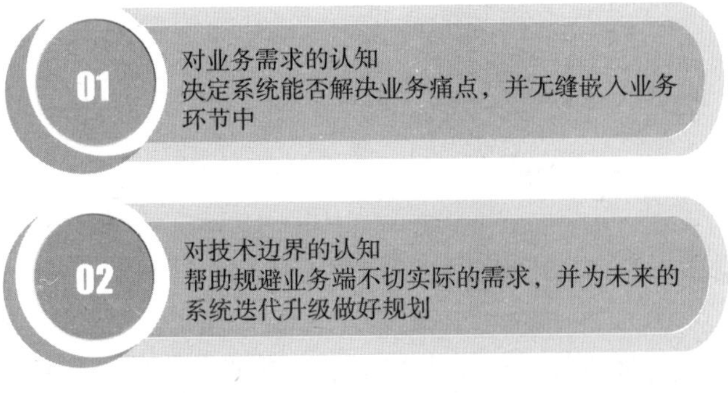

图 14－1　项目实践者需对区块链平台做好两大认知

虽然目前区块链技术大热，但现实摆在眼前：区块链技术依然处于发展期，并未完全成熟。

如图 14-2 所展示的那样，任何新技术要被理解都要经历一个过程。根据对区块链技术涉足时间的早晚，不同领域对区块链下业务变革的理解程度也有所不同。

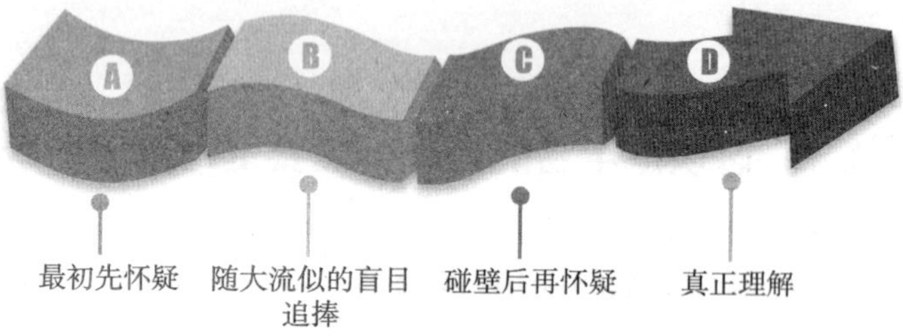

图 14-2　新技术的理解过程

有些人认为，区块链只是噱头，运作区块链需要消耗大量的资源。

有些人却对区块链技术寄予了过高的期望，认为区块链能够在短期内颠覆现有的中心化体系。

可是，区块链并非万能，目前不要说颠覆，就是很多实际业务问题，也绝非短期内能够完全解决。

最简单的例子就是，使用了区块链技术，是否可以做到保证交易信息的百分百安全？

答案是否定的。的确，数据传上链后会很难被篡改，但若数据源头存在造假，依然会导致整个链条上的信息虚假。这些源自现实的问题，绝非简单的技术改造就能解决。

业务的痛点是否能在引入区块链后解决

阻碍区块链落地的另一大困难在于场景的具体选择。比如，金融机构业务繁多，看上去每一项业务都有一定的需求，可是，在落地过程中，它们都有自己的不靠谱之处。因为区块链尚处于应用初级阶段，场景的选择还未形成约定俗成的标准。

不过，在决定是否要引入区块链时，我们必须要思考以下问题。

◆ **场景是否涉及多个参与方**

区块链的本质是多个节点之间的去中心化链接，这就意味着场景跨越领域的节点越多，业务的实践便越有意义。如果仅仅在某一公司内部做一个私有链，其实必要性并不算太大。

从商业模式上来看，较为典型的多方交互业务大致有两个方向：①交易属性。由于某产品原本在A机构登记，无法在B机构买卖，为了方便该产品的交易而构建起一个可信的网络，使所有对该产品感兴趣的机构都能在这一网络上展开对点的价值流通。②存证属性。在交易（合作）过程中，每一张存证什么时间由谁写进去，这些信息记录越完善，信用水平便越高。

◆ **场景的痛点在何处**

引入区块链时，必须要考虑场景的痛点是什么，产生痛点的原因是市场因素还是不可抗力。

区块链的优势在于上链以后信息不可篡改，因此，运用它的场景也必须要有“信用成本高”这一痛点。需要注意的是，很多业务展开过程中，多方开展合作的信用成本很高，但引发高信用成本的原因有很多：①监管部门和政策造成的。这种属于不可抗力，或者以已有权威机构担任中心角色，不适合或者国家不允许市场参与者另起炉灶。②商业合作本身造成的。这种可以引入区块链，因为本身痛点就是信息不透明才导致了信用成本高。

◆ **能否用替代方案解决**

区块链场景的选择需要遵循一个原则：只要可以找到廉价的替代方案，就不考虑引入区块链技术。最适合引入区块链的场景有两个，如图14-3所示。

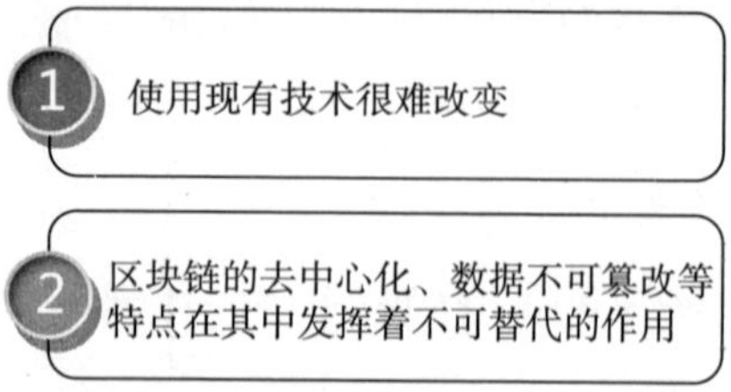

图 14－3　最适合引入区块链的场景

如果非要在长久以来运行都非常良好的业务中引入成本更高的分布式账本，不仅有大材小用之嫌，而且很可能导致新的问题出现。

此外，在区块链应用场景的具体选择上，我们还需要注意：由于该技术尚处于发展阶段，它并不适用于高频交易领域。的确，眼下区块链系统对交易的确认时间往往可以达到秒级，可是，随着加入区块链的节点数目不断增多，再加上“节点确认”的特点，其确认时间与吞吐性能会随着节点的增多而下降。

这就意味着，对于那些参与方众多且对效率拥有极高要求的业务场景，暂时可以不考虑引入区块链技术。

现实点评

不管是在何种领域中，区块链系统的部署都是一项长期的工程，而且，与其他新技术一样，最开始引入区块链时，肯定是从最具体、最简单的问题开始的。

从目前来看，成熟的区块链应用在全球都很稀少，因此，引入区块链其实就意味着将该内容当成部分简单业务领域内的试验内容。当然，场景的选择也绝非越简单越好。我们还必须要考虑该业务是不是有较大价值，是不是有较大发展空间。

只有从最简单的业务引入，在后面再展开二期、三期、四期……通过快速迭代的方式，区块链工程才能在现实中逐步落地。

14.2 不可忽视的51%攻击问题

“51%攻击”是比特币的致命弱点，即一名心存恶意的矿工为了利益，利用特殊手段，控制了全网超过51%的算力，然后进行强制交易。若51%攻击发生，便会使区块链去中心化的特性被破坏，同时也会大大降低整个区块链网络的安全性。

什么是51%攻击

我们知道，区块链的数据上链后是不可篡改的，这就如同微信群里的聊天记录一样，你只要发出了信息，那么，这份信息其实在每个人那里都留有记录，任何人想修改这些历史记录，别人都可以拿出自己的那份备份，证明他在做假。

但是话说回来，如果微信群中有500个人，其中有251个人都统一行动，将聊天记录修改成了新的版本，然后，站出来指责那249个人的记录是假的，本着“少数服从多数”的原则，这249个人的聊天记录便会被机器否定，演变成那251个做假的人的记录才是真的。

这就是51%攻击。所以说，微信群的聊天记录之所以不可篡改，前提条件是不会出现一半以上的人统一去篡改；若会发生，便无法保持不可篡改。

区块链的51%攻击也是如此：若参与这一区块链的人有一半以上（这些人得有能力创造新的区块，即有能力进行挖矿）统一行动，便能修改区块链的历史记录。

51%攻击的后果

简单来说，一旦51%攻击出现，就可以将你之前的一笔转账取消掉。比如，你可以转1万枚比特币到交易所，然后卖掉，并发动51%

攻击，把这些币的交易从区块链取消掉。此时，钱已经回到了你的手上，但1万个比特币也在你手上。

其实，比特币之所以会存在如此大的弱点，很大程度上是因为创始人中本聪在设计比特币时故意而为之，其目的自然也是实现并加强比特币“去中心化”的目的。

有时候，51%攻击是因为黑客掌握了卓越IT技能而发起的。黑客并不会发动51%以上的人同时发起攻击，而是会利用自己出色的IT设计能力，利用程序或其他方法，使自己掌握50%以上的算力，如此一来，他便能比其他人更快找到开采区块需要的那个随机数，因此，他实际上拥有了篡改区块链数据的权力。

从图14-4所列的内容中我们可以看出，黑客发起51%攻击若成功的话，整个比特币体系都会彻底崩塌——由于交易取消、无法开采有效区块，人们会因为比特币网络不再安全而对其失去信心，没有人再相信比特币，比特币价格也会跌回原点。

他可以	他不可以
• 修改自己的交易记录 • 阻止区块确认交易 • 阻止其他矿工开采区块	• 修改其他人的交易记录 • 阻止交易被发出去 • 改变每个区块产生的比特币数量 • 凭空产生比特币 • 把不属于他的比特币发送给自己或其他人

图14-4 黑客成功发起51%攻击后

如何发动51%攻击

在满足了图14-5的条件下，我们以比特币为例，模拟一下51%攻击发动的过程。

图 14-5　黑客发动攻击必须满足两个条件

攻击者发动攻击时：

首先，将大量比特币转移到交易所/个人/机构，卖出所有比特币，并在收到钱以后，将钱提现到银行账号（提现的目的是为了确保收益，当然，也可以暂时不提现）。这一时间越短越好，它可以大大节省攻击时间。

其次，使用51%算力，从还未向交易所转币的区块开始，重新生成区块。比如，向交易所转币的区块为第30万个区块，攻击者便在第299 999个区块开始重新生成区块。

再次，由于攻击者有51%算力，假设他可以在攻击过程中一直保持这一算力，那么，他生成的攻击块链就能追上原块链，这意味着他的攻击一定能成功。

最后，一旦攻击块链的长度超过原块链2个区块，所有的客户端都将丢弃原块链，接受攻击块链。

至此，51%攻击成功。

现实点评

既然对区块链而言，51%攻击是一个如此明显的弊端，那么，是否可以避免它的发生？

对此，专家们的回答是“没有必要”。我们依然拿比特币来举例：早在2013年时，比特币的全网算力便已达到世界前500强超级计算机算力之和的20倍。若发动51%攻击的人单纯是为了利益，想要击溃像比特币那样算力庞大的系统，需要掌握全网的51%算力。

但问题恰恰在此：若将这些算力用来挖矿，收益要远远高于攻击带来的收益。

因此，虽然真正的51%攻击一旦发生，就会产生极其严重的后果，但51%攻击本身存在的悖论，使其事实上极难发生。

14.3 版本升级导致的分叉问题

我们早已了解了比特币的“挖矿”是怎么回事：工作量证明机制下，“矿工”们相互竞争，求解一道数学题，谁先解出来，便大喊一声：“我解题成功了，你们快来看!”于是，全体矿工都过来，将成功的内容抄写一份，贴在自己的账本后面，然后，开始新的记账过程。

在这个过程中，常常会出现这样的情况：两个矿工同时解出了题目，此时要怎么办?

分叉问题

假设当前最新的区块链有三个区块：

中国有一个节点，美国有一个节点，二者同时挖到了矿，那么，这两个节点都会把自己挖到的矿链到本地的区块链上，这就出现了区块链分叉。

这两个节点还会将“我挖到矿啦”同步到全球其他节点上，以便其他节点同步。

此时，距离中国节点较近的点，可能先同步到“中国链”上，并在此链基础上继续挖，链条也会持续增长。距离美国节点较近的点，可能先同步到“美国链”上，并在此链的基础上继续挖，链条也会持续增长。

节点在收到两个相互冲突的区块链同步的信息时，会判断当下哪一

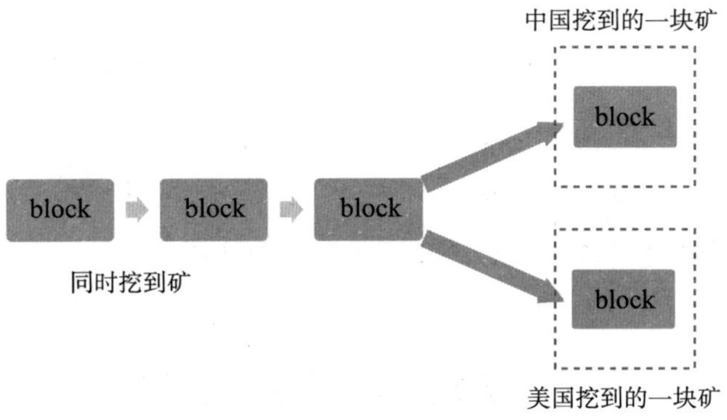

图 14－6　区块链分叉

条链的长度更长。长度更长的区块链，消耗的算力更多，因此，节点会以长度更长的区块链为准。

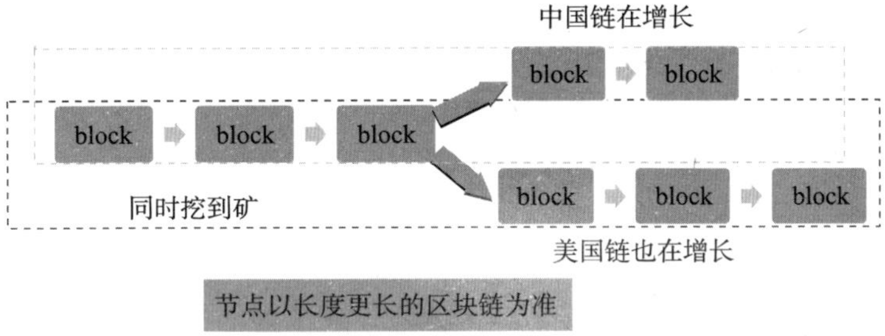

图 14－7　分叉过程中的节点增长

如此迭代，最终全球范围内的区块链都会达成一致：以最长的区块链为准。

在区块链系统中，遵守规则是所有节点的最佳策略，若不遵守“少数服从多数”这一规则，未来“少数派”的节点挖掘到的新矿将不会被“多数派”承认，这就意味着少数派“白干了”。

当然也有例外：当有人掌握了 51% 的算力时，才能为所欲为。

软分叉与硬分叉

在矿工遵守规则的情况下，会出现分叉；在矿工不遵守规则的情况下，也会出现分叉。这种分叉有两种类型，如图 14－8 所示。

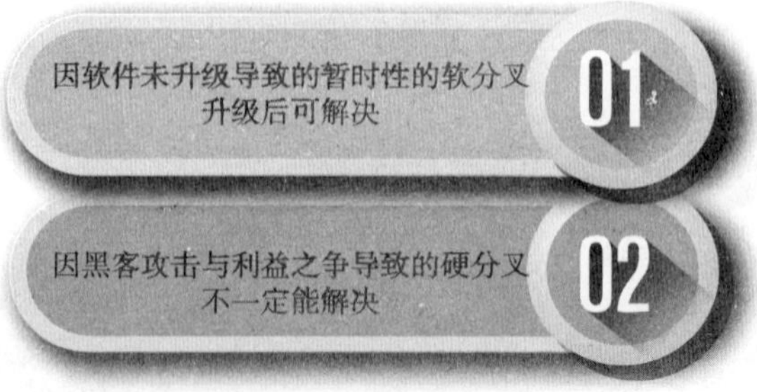

图 14－8　分叉的两种类型

◆ **暂时性的软分叉**

因为整个区块链系统软件的升级，一部分矿工还未来得及升级，从而出现了遵从不同机制而产生的分叉。

当这部分矿工升级了系统后，这类分叉便会消失，此类分叉即“软分叉”，软分叉是临时的。

◆ **硬分叉**

相比于软分叉，硬分叉其实更难解决。

区块链圈中第一个也是最有影响力的硬分叉就是以太坊的分叉事件。

The DAO 是以太坊上的一个著名项目，因为自身存在漏洞，导致黑客盗取了当时市值约为 6 000 万美元的以太币。

2016 年 7 月，以太坊开发团队通过对以太坊软件的代码进行强行修改，终于在第 1 920 000 个区块将硬分叉解决。这次改动将 The DAO 及其子 DAO 的所有资金全部转到了一个特定的退款合约地址上，从而将黑客所控制的 DAO 合约币全部夺回。

但是，也有一部分矿工是在黑客的硬分叉上得益的，这部分矿工自然不认同这一修改。于是，The DAO 便形成了图 14－9 中的两条链。

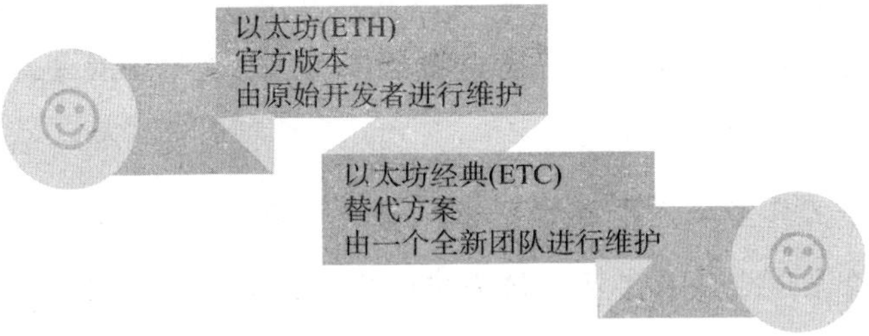

图 14-9 分叉后的以太坊

两者各有其社区共识与价值观。

在硬分叉发生之前，这两条链上的数据是一样的，硬分叉发生后，出现了一个非常有意思的现象：原本持有以太币（ETH）的人，发现自己除了持有原有的 ETH 外，同时还有了相同数量的 ETC。

也就是说，在以太坊上，凭空多出了一些资产，而这些资产价值具体多少，需要由市场交易情况来定。总体来说，区块链的硬分叉并未减少资产，反而使部分人手中多出了一种虚拟资产。于是，区块链硬分叉便成了一种凭空增加虚拟资产的方式。

硬分叉这种创造虚拟货币的方式与 ICO（首次币发行）极其相似，于是，一个新名词应景而生：IFO（Initial Fork Offerings，即首次分叉发行）。矿工团队在创造分叉的同时，可以在分叉发生的区块里，利用自己的特权，将一些货币分配给自己或其他人，然后，再开放给所有人参与挖矿。

最近发生的、利用硬分叉实行 IFO 的团队是 ViaBTC。2017 年 8 月 1 日，这个算力排入全球前五位的比特币项目的矿工团体共同创建了一个比特币分叉——Bitcoin Cash。这次分叉，使大量的比特币持有者凭空增加了一种名为 BCH 的新数字货币。

现实点评

区块头里记录着版本信息，所以，理论上任何人都能更改程序、升级版本，发生软分叉，但因为这种软分叉不会被大部分人所接受，因此，最终会被市场遗弃。在区块链的世界里，“遵守规则才能利益最大化”这一通俗道理一样适用。

而硬分叉其实人为地违背了区块链“不可修改”的技术本质。在很多专家看来，它违背了区块链去中心化的技术本质，因此，有不少人并不认可它。更重要的是，若硬分叉越来越多，比特币、以太币等数字货币会面临公信力下降的窘境，而 IFO 也有可能成为数字货币的价值杀手。

14.4　区块链技术尚未成熟

正是因为51%攻击与分叉问题的存在，区块链并不是毫无破绽、完美无缺的。认识到这一点，同时意识到区块链技术在当下的不足，该技术才有可能在未来实现革命性的影响。

其实，对于区块链技术当下的发展，区块链领域内就存在着两种不同的看法。在区块链领域，一直存在着图 14－10 中的两拨人，这两拨人一直在不同的方向做着不同的事。

图 14－10　区块链中的两拨人

对“币圈”来说，目前区块链技术的成熟度已足够他们使用，因此，他们对技术方面的进步并不太关心；但对积极探索各行各业应用的“链圈”来说，眼下，区块链技术依然存在着极大的技术瓶颈，妨碍了各行各业的区块链。

这些瓶颈体现在以下几个方面。

缺乏积极的生态环境

想要形成对现代社会产生重要影响的技术，区块链必须通过自身的技术基础设备构建一个充满活力的生态系统，而积极的生态系统中必然会有多种角度的参与者来提供支持。

在技术方面，区块链协议本身就是一个基础支持，有越多方面参与，区块链的活力便越大。而一个充满了活力的生态系统，应包括图 14－11中所提及的三类参与者。

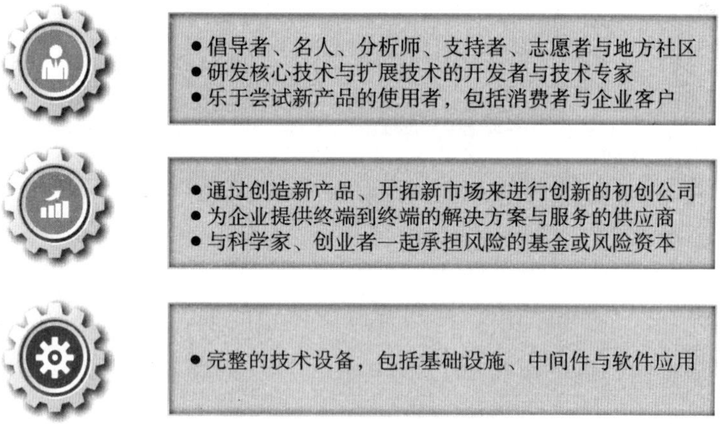

图 14－11　积极的区块链生态中应包括三类参与者

对比图 14－11 中的内容，现实生活中的区块链参与者其实已经覆盖了方方面面，但眼下，这些参与者皆为少数。从少数到多数、从多数到引发质变的大多数，区块链生态的塑造还需要时间。

没有成熟的应用

每一次有新的基础性技术产生时，总需要更多的时间来产生能够将这些技术推广起来的新应用。就像互联网一样，从互联网技术萌芽，到如今随时可上网的大环境，我们花了很长时间，才看到各种雄心勃勃且充满创新的网络应用。

而且，在初期，很多项目并不是完全性的创新，而只是简单地从那些已经成功的项目中复制了成功经验，但这种复制却是人们积攒行业经验的重要来源。

最典型的例子是 Java 虚拟机。当它刚刚研发出来的时候，并没有多少空间供它发挥能力；但随着互联网技术的不断发展，它开始发挥巨大的作用——让创建大量网络应用变得更容易起来。

如今，比特币、以太坊就像区块链领域内的“Java 虚拟机”，未来，它或许也将发挥出巨大的力量。

区块链技术不足的另一个表现在于，它缺乏“杀手级应用”，这种应用会促使用户的使用数量出现指数级增长。很显然，包括我们在书中提及的这些应用，眼下都处于小众化“发展期”，远未达到广泛使用的大众化应用级别。

开发者不足

如今，仅在中国国内，参与互联网建设的 IT 工作人员便以数十万计，但麦肯锡咨询公司在 2017 年年底进行的一项调查显示，在全球范围内，算上币圈人士，仅有不到十万人对区块链技术算得上熟悉；约有两万名工程师在编写各种可以让区块链与其他领域相连接的前端应用；仅有 5 000 名“链圈”开发者致力于编写数字货币、比特币与区块链相关软件。

这些数字对区块链技术未来的普及与开发来说，无疑数量过少。

不过，幸运的是，区块链的编程语言与当下流行的 Java、C ++ 、JavaScript 等有相似之处，这将有利于编程人员参与区块链的学习与技术开发。

此外，市场与政府应主导需求，用图 14 – 12 中所提及的方法，帮助那些对区块链有兴趣的人进行深入学习。

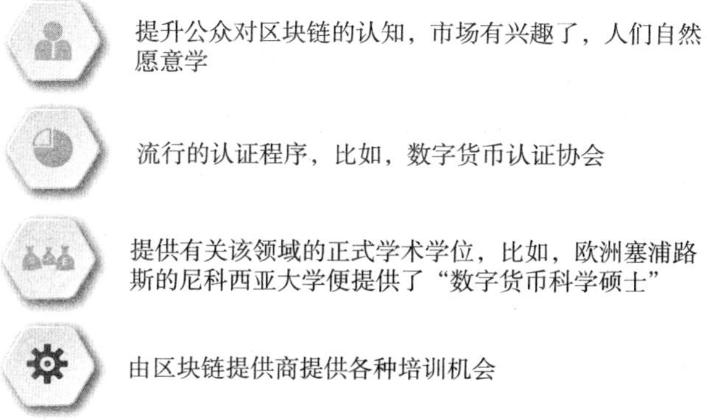

图 14－12　可增加开发者数量的因素

欠缺衡量标准

没有标准，就意味着无法衡量某件事情的好与坏、难与易；有了标准，一切都会变得相对简单起来。

标准会带来诸多好处，包括一些网络效应：更便捷的互联互通，更快速的知识共享，更低的成本……更重要的是，它将让进入、探索者所遭遇的总体风险大大降低。当然，对区块链技术来说，它必须要适用于不同层面的技术性平台，以及进程不同的各个领域。

中间件与相关工具不足

中间件与软件类工具对区块链的发展非常重要，它就像存在于基础设施与应用之间的黏合剂一样，能够大大降低整体软件与应用的开发难度。

在互联网还是新鲜事件的 20 世纪末期，编写网络应用程序并不容易，而且它们往往需要开发人员手工将软件整合起来。美国网景公司（Netscape）提出了著名的一体化“网景应用服务器”，这种服务器是一种软件功能集成套件，囊括了多种开发程序必要的组件与工具，实现了

“开箱即用”。

这一极其简便的工具，对程序员们来说无疑是一种福利，从此，他们得以专注于网络应用的编写，而不需要再担心如何整合所需要的配件以及软件间的兼容性问题。

可以说，眼下，区块链欠缺的就是这样一个完整的、简便的工具，如果有这样一个产品诞生，区块链的安装、开发与部署等相关操作将被大大简化，区块链的新阶段也会随之到来。

现实点评

目前，在概念大火的情况下，技术瓶颈成为区块链技术发展的主要阻碍，影响着各行各业实现“区块链+”的进程。我们已经可以预见，未来，区块链的潜力会被越来越多对该领域充满热情的创业者、开发者与设计者开启，这些人将迎接新挑战，并将战胜这些挑战。对普通人来说，将有机会像享受互联网所带来的便利一样，享受区块链所带来的种种便利。

14.5 监管：各国对区块链所持态度各异

眼下，摆在区块链技术面前的最大未知数是中心权威角色的态度：世界范围内的立法者、监管者将如何对待这一弱中心化的新技术。

在谈及这一问题时，我们应正视区块链对现有经济模式所带来的破坏作用。

区块链会带来大量失业者

自动化对工人的取代早已不再是新闻，而区块链正是一个极佳的自动化平台：它由计算机代码而不是人类活动去执行工作、管理资产和人。

试想一下：

当无人驾驶汽车代替了滴滴司机会怎样?

当货币交易类 APP 取代银行上百万个网点时会怎样?

当共享化的区块链金融服务平台使成千上万个金融理财者、财务管理者失业时会怎样?

……

新技术会带来新的失业潮，而区块链又是一种新的社会信任模式，在此模式下，政府必然要担负起引导者的角色，推动新的社会契约的建立，重新定义每一领域内的角色任务，以及因新技术冲击带来的新岗位、旧岗位工资标准。

种种变化，对政府管理能力提出了全面的考验。在这种考验面前，一些能力较弱的政府必然会推迟区块链开放化发展的时间。

区块链可能会导致新的犯罪形式

我们之前已经谈及区块链在金融领域被运用到“反洗钱”范畴中，但新技术的潜力不仅能被运用于正面，也会被破坏者盯上。在比特币发展早期，曾经出现过被污名化的运用。

“丝绸之路”网站是一个为非法药物而设的地下网络市场，2013年，该网站上曾有多达 13 756 个商品是以比特币定价的。美国 FBI 查封该网站后，比特币的价格出现了暴跌，数字货币也成了犯罪的代名词——可以说，那是比特币最黑暗的日子。

虽然技术本身并没有什么立场，但正如区块链能够被用于反洗钱一样，未来，或许区块链上的犯罪也会出现新的形式，再加上其技术发展的不可预期性，各国政府必然会对之投以更多的关注。

区块链内虚拟货币会导致金融动荡

这是各国政府最为关注的问题。金融体系的稳定对国家发展有着毋庸置疑的重要性，但以比特币为代表的虚拟货币等本身运作就存在风险，再加上近年来分叉产品出台过快，极有可能对金融稳定和货币政策传导产生不可预测的作用。

仅拿2018年上半年来说，在2018年1月，以比特币为代表的虚拟货币全面大幅下跌，并遭遇了一轮抛售潮。比特币价格在1月16日跌破10 000美元心理整数位，并创3年以来最大单日跌幅。然而两天后，虚拟货币集体反弹，比特币重返11 000美元上方，比特币、瑞波币、莱特币等均较此前低点大幅反弹。

可以说，近年来，暴涨、暴跌、庞氏骗局……虚拟货币在资本市场上演多个惊悚故事，而币圈人士"割韭菜"式行为又普遍存在，各国政府对此不得不通过监管来减少风险。

在区块链问题上，各国主张不同

在使用比特币时，处于哪一国家已是必须要考虑的重要问题。一些政府已经禁止使用比特币，或者禁止国有银行交换比特币；而另一些监管更严格的国家，则已经禁止展开"首次币发行"活动了。

◆ 欧盟

欧盟各国一直是数据隐私的坚定保护者，并对此推行了严格的监管措施，这对区块链产生了明显的影响。

2018年5月25日，欧盟《全面数据保护法规》开始生效。该法规试图统一欧盟内的数据隐私规定，并特别指出欧盟公民在网上"有权利被遗忘"，且拥有支配他们数据的基本权利。

对许多正在发展中的区块链公司来说，这一权利可能与区块链技术本身提供给用户的"不可更改性"与"弱中心化"相冲突。因此，若有区块链公司想要在欧盟境内开创项目，就有责任确保自身足以达到欧盟设立的数据所有权门槛。

◆ 东亚

与欧盟不同的是，东亚国家在 2017 年开始采取了“先经营，后管制”的做法，即政府不对区块链公司的具体运营进行限制。不过，随着加密货币近年来发展势头日渐迅猛，东亚国家也开始对区块链项目展开严格的监管与审查。

仅拿中国来说，我国曾经在国际上被视作“加密货币的国际避难所”，不过，在 2017 年，因为担忧加密货币导致的货币动荡，中国人民银行禁止了国内加密货币相关的“首次币发行”。这一信号表明，当前形式的加密货币交易在国内是不被接受的。

韩国对加密货币持有同样的态度，虽然他们一样鼓励区块链项目在国内展开研究、探索，而且区块链项目在韩国也呈现出蓬勃发展的态势，但由于担忧加密货币的不确定性危及国内经济，可预见的未来，韩国国内也会禁止首次币发行。

日本是全球范围内首批承认比特币为货币的国家，如今，该国正在寻求法律下正式分类的公司颁布加密货币交易所许可。不过，日本只接受比特币，对包括以太币在内的其他货币，也并未打算接受。

◆ 美国

身为区块链技术发展最迅猛、最先进的国家，美国政府采取的是“先管制，后经营”的方法。也正是因为这种态度，美国的加密货币发展是最稳定的，虽然“丝绸之路”网站事件是由美国 FBI 主导捣毁的，并因此给比特币体系造成了重创，但是，美国联邦政府机构（包括美国司法部与财政部）在对国土安全与政府事务委员会的致信中称，“比特币在线支付系统所提供的金融服务是合法的”。美国政府发现了数字货币的好处，并开始关注能够帮助控制风险的种种方法。

美国对比特币金融服务的合法肯定，表明其在对待虚拟货币的态度上由抵制转向了认可与鼓励，“拥抱技术”和“不要封杀”成为共识，且区块链不断上升为国家战略。

现实点评

在区块链技术下，世界物理空间相对变小，信任也将变得简单，不管是对区块链创业者还是对国家来说，其意义与影响都是非凡的。

虽然眼下在加密货币与区块链领域的监管状态上，各种观点不断交锋，各个国家所采取的应对方法也有所不同，但可以确定的是，在全球范围内，统一的区块链与加密货币管理框架对于这一令人激动的新技术发挥其全部潜力至关重要。

我们相信，在不久的将来，随着国际上对区块链技术重要性认识的不断加深，各国对该技术的认知最终将共识大过摩擦，一个崭新的未来必然会随着区块链技术的不断发展、普及与推进而到来。